弁護士の現場力

―事件の受任から終了までのスキルと作法―

民事訴訟編

髙中正彦・堀川裕美・西田弥代・関 理秀 著

ぎょうせい

はしがき

「委任契約書はいつ作成するか」「公用文の作成要領に従うか」「訴状に赤色やアンダーラインを使うか」「相手方弁護士の情報をどこまで取得するか」「陳述書は時系列で書くか」「尋問事項書はどこまで詳しく書くか」「尋問調書を必ず取り寄せるか」「和解条項案を積極的に提出するか」「判決正本を依頼者に渡すか」――このような現場における対応については、巷間あふれている新人・若手弁護士向けの入門書や手引書にはほとんど記載されていない。

本書は、新人・若手弁護士に向けた民事訴訟に関する入門書・手引書の一つではあるが、その大きな特色は、法律理論や法律実務に関する解説書的な叙述を必要最小限にとどめ、冒頭に記載したような論点を取り上げ、弁護士が仕事の現場において留意する点は何か、現場では何をすべきか、現場でこういうことをすると失敗するというノウハウや実践経験を叙述することに徹した点にある。『弁護士の現場力』と題したのも、本書の特徴をそのまま書名にしたものである。

本書の構成は、別稿にあるとおり、民事訴訟事件の受任から控訴までにおける7つの場面（Act＝幕）を設定し、それを若手弁護士の独白（Monologue）と前口上（Prologue）から始めている。そして、さまざまな場（Scene）においてアドバイスや実践経験を「現場力」として満載し、その中から、自分は何をすべきか・何をしてはいけないかを学び取っていただきたいと考えている。各Sceneの末尾には現場力のEssenceをまとめているので、ここだけを読んでも有益ではないかと思う。なお、考え方が分かれるテーマについては、ベテラン・中堅・若手の各弁護士が自説を戦わせる場面（Intermezzo＝幕間狂言・間奏曲）を設けてみた。どの考え方にも一理があり、興味深く読んでいただけるものと思っている。

本書は、望外の好評をいただいた『弁護士の周辺学』（ぎょうせい）の若手執筆者である堀川・西田・関の3名が核となり、髙中が全体を統一す

る役割を担って執筆した。各人の個性が色濃く出ている部分もあるが、それがかえって本書の存在意義になっていると考えている。ぜひ座右に置いて参考にしていただきたいと念願している。なお、本書に「民事訴訟編」という副題を付けたのは、追って「家事調停編」を刊行したいとの熱い願いを込めてのことである。

　終わりに、本書の企画から校正に至るまで、株式会社ぎょうせいの皆様には一再ならぬお世話をいただいた。ここに厚くお礼を申し上げる。

　2018（平成30）年12月1日

髙　中　正　彦
堀　川　裕　美
西　田　弥　代
関　　　理　秀

本書の構成

◆本書は、若手弁護士が民事事件を受任し、依頼者との打合せを経て訴訟を提起し、裁判所の口頭弁論に出頭し、人証尋問も行い、和解交渉を行って、最後に判決を受けて控訴するまでの一連の手続を7つの場面に分解し、それぞれの場面において、現場でなすべきこと、してはいけないこと、すなわち「現場力」を指摘している。

*

◆本書の場面は、オペラの場面展開を念頭に置いて命名したが、各Actの内容を概観すると、次のとおりである。

◇ Act Ⅰ＝第1幕　事件受任の場面にて

　新人のＱ弁護士が、①広告をして依頼者獲得に奔走し、②初めての依頼者と面談し、③その依頼者から事情を聴取し、④受任を決意して委任契約書を締結するまでの4つのScene＝場に分かれる。

◇ Act Ⅱ＝第2幕　方針決定の場面にて

　Ｑ弁護士が、依頼者の委任を受け、①相手方本人と交渉し、②相手方が委任した弁護士とも交渉し、③その交渉が決裂したことにより、最善の解決手段を選択し、④その選択した解決方針を依頼者に説明して了解を得るまでの4つのSceneに分かれる。

◇ Act Ⅲ＝第3幕　提訴準備の場面にて

　Ｑ弁護士が、提訴の準備をするために、①依頼者から具体的な事実の聞き取りをし、②証拠を収集し、③訴状を起案し、④その訴状を裁判所に提出するまでの4つのSceneに分かれる。

◇ Act Ⅳ＝第4幕　口頭弁論の場面にて

　　Q弁護士が、いよいよ裁判所に出頭する場面であるが、①ある事件の答弁書を作成し、②口頭弁論とその後の弁論準備の期日に出頭し、③相手方弁護士とやりとりをし、④準備書面を作成し、⑤書証を提出し、⑥訴えの変更や訴えの取下げを余儀なくされるという6つのSceneに分かれる。

◇ Act Ⅴ＝第5幕　証人尋問の場面にて

　　Q弁護士が、最も緊張を強いられる本人と証人の尋問をすることになり、①人証の申出をし、②尋問の打合せをし、③主尋問を行い、④反対尋問を行い、⑤その尋問の調書を取り寄せるまでの5つのSceneに分かれる。

◇ Act Ⅵ＝第6幕　和解の場面にて

　　Q弁護士が、証拠調べも終え、和解解決を模索して、①和解の申出をし、②裁判所で和解交渉をし、③和解条項案を作成し、④成立した和解調書を受け取るまでの4つのSceneに分かれる。

◇ Act Ⅶ＝第7幕　判決言渡しの場面にて

　　Q弁護士が、和解が決裂し、いよいよ裁判所の判決をもらうこととなり、①判決の言渡期日に出頭し、②依頼者にその判決の内容を説明し、③判決を確定させることとし、あるいは、④判決を不服として控訴状を起案して提出し、⑤判決に基づく強制執行の準備を始めるまでの5つのSceneに分かれる。

＊

◆各Actについては、まず、幕が上がると同時にMonologueとしてQ弁護士が抱える悩みや不安などを赤裸々に独白してもらい、その幕全体の雰囲気作りをすることにした。また、各Sceneの冒頭においては、Q弁護士がPrologue＝前口上を述べて、どのような場面が始まるのかを告げるようにした。

　　　　　　　　　　　＊

◆各 Act の末尾には、ぜひ知っておいてもらいたい事項を簡潔に記載した現場力の Essence を置いている。ここだけを拾い読みしても、十分に有益な実務のヒントを得ることができるものと自負している。

　　　　　　　　　　　＊

◆オペラでは、一つの幕が降りると休憩に入り、しばしロビーでワインなどを飲みながら歓談することになるが、本書では、Intermezzo＝幕間狂言あるいは間奏曲として、ベテラン弁護士の白森弁護士、中堅弁護士の赤林弁護士、若手弁護士の緑木弁護士の３名が一つのテーマをめぐって自説を戦わせるコーナーを設けた。まず、ベテラン弁護士が口火を切り、中堅弁護士が異論を述べ、若手弁護士が反論するというスタイルとし、考え方の違いを浮き彫りにするように努めた。

　各弁護士のイラストを付けているが、それぞれのイメージは、次のようなものである。

白森弁護士

弁護士40年目のベテラン男性弁護士である。多くの企業の顧問を務め、公的組織の委員等にも就いている。勤務弁護士５名を雇用して、企業からの依頼事件をメインに処理している。

赤林弁護士

弁護士25年目の中堅女性弁護士である。弁護士40名の共同事務所のパートナーとなっている。幅広い人脈を活かしてさまざまな事件の依頼を受け、依頼者の評価も高い。弁護士会の委員会にも積極的に参加している。

緑木弁護士

弁護士５年目の若手男性弁護士である。３年の勤務弁護士を経て独立し、同期の弁護士と２名で小規模な事務所を運営しているが、独立２年目を迎え、事務所経営の難しさを痛感している。アグレッシブに事件を獲得し、処理している。

凡　例

1. 法令

    法令は、平成30年12月1日現在のものとした。

2. 法令名の略記

    次のような略記をした。

民訴法	民事訴訟法
民訴規則	民事訴訟規則

3. その他の略記

日弁連	日本弁護士連合会
職務基本規程	弁護士職務基本規程

Contents

弁護士の現場力 民事訴訟編
事件の受任から終了までのスキルと作法

Act I 事件受任の場面にて
髙中正彦

Scene i 広告をする
1. 日弁連の広告規程を知る ……………………………………… 3
2. 広告業者の勧誘にどう対応するか …………………………… 4
3. 依頼者をどうやって獲得するか ……………………………… 5
4. 弁護士の成功とは何か ………………………………………… 6
- Intermezzo 広告をどう考え、どう使うか [異論・反論付] ……… 8

Scene ii 依頼者と初めて面談する
1. 初対面の依頼者の緊張を解きほぐす ………………………… 10
2. 初対面の依頼者から何を聞き出すか ………………………… 11
- Intermezzo 弁護士の服装、事務所の設備はどうあるべきか [異論・反論付] …… 14

Scene iii 依頼者から話を聞く
1. 聞き出す事項を事前に整理しておく ………………………… 16
2. 依頼者からの事情聴取についてはメモを取る ……………… 17
3. 六法全書を脇に置いて参照する ……………………………… 18
- Intermezzo メモの取り方あれこれ [異論・反論付] ……………… 20

Scene iv 委任契約書を作成する
1. 委任契約書の作成は義務となっている ……………………… 22
2. 難しいのは弁護士報酬である ………………………………… 23
3. 委任契約書はいつ調印するのがよいか ……………………… 24
- Intermezzo 中途解除をどう規定するか [異論・反論付] ………… 26

Act II 方針決定の場面にて
関 理秀

Scene i 相手方と接触を図る
1. 相手方に代理人が就くときと就かないとき ……… 31
2. 相手方にはどのような方法で連絡するか ……… 32

Scene ii 相手方に連絡する手段を考える
1. 文書を作成する ……… 37
2. 連絡方法を考える ……… 44
- **Intermezzo** 「公用文作成の要領」を採用するか［異論・反論付］……… 50
- 相手方弁護士の情報収集をするか［異論・反論付］……… 57

Scene iii 相手方と直接会って交渉をする
1. 相手方と直接会うか ……… 59
2. 相手方に直接会うときに何に注意するか ……… 61

Scene iv 交渉決裂後の解決手段を選択する
1. 任意交渉の継続か裁判所（等）での手続か ……… 64
2. 調停か訴訟かを選択する ……… 66
3. 行政事件はどう選択するか ……… 67
4. 選択した手続を依頼者に説明する ……… 67

Act III 提訴準備の場面にて
堀川裕美

Scene i 依頼者から聞き取りをする
1. 訴訟を意識して聞き取りを行う ... 71
2. 見通しを説明する ... 75
   Intermezzo 提訴前にどこまで見通しを説明するか [異論・反論付] ... 78

Scene ii 証拠を収集する
1. 相手方の所在を探す ... 80
2. 証拠をどう集めるか ... 82
   Intermezzo 証拠の原本をどこまで預かるか [異論・反論付] ... 85

Scene iii 訴状を起案する
1. 訴状のスタイルを決める ... 87
2. 証拠説明書を作成する ... 90
   Intermezzo 訴状に色文字や下線を使うか [異論・反論付] ... 92

Scene iv 訴状を裁判所に提出する
1. 必要部数を確認する ... 94
2. 実費(手数料)を確認し、収入印紙・郵券を準備する ... 94
3. 訴状を提出する ... 95
4. 訴状を補正する ... 97
5. 第1回口頭弁論期日を調整する ... 97
   Intermezzo 証拠が少ない事案について提訴を提案するか [異論・反論付] ... 100

Act IV 口頭弁論の場面にて
堀川裕美

Scene i 答弁書を作成する

1. 法的構成と要件事実を意識して聞き取る ……………… 105
- **Intermezzo** 答弁書でどこまで詳細に認否を行うか [異論・反論付] …… 111

Scene ii 口頭弁論に出頭する

1. 口頭弁論期日に出頭する ……………………………… 113
2. 弁論準備手続期日に出席する ………………………… 116
3. 期日報告書を作成する ………………………………… 117
4. 期日に当事者を同行させるか ………………………… 119
- **Intermezzo** 相手方弁護士と法廷外で名刺交換をするか [異論・反論付] …… 120

Scene iii 準備書面を起案する

1. 準備書面をどう作成するか …………………………… 122
2. 分厚い準備書面は避ける ……………………………… 123
3. 誤字脱字をあげつらわない …………………………… 123
4. 準備書面を提出する …………………………………… 123
- **Intermezzo** 準備書面でどこまで強い表現を使うか [異論・反論付] …… 125

Scene iv 証拠を収集し提出する

1. 裁判上で証拠を収集する ……………………………… 127
2. 書証を提出する ………………………………………… 129
3. 書証以外の証拠を提出する …………………………… 131

Scene v 訴えの変更と取下げ・反訴をする

1. 訴えの変更をする ……………………………………… 132
2. 反訴を提起する ………………………………………… 133
3. 訴えを取り下げる ……………………………………… 134

Act V 証人尋問の場面にて
関 理秀

Scene i 人証申出をする

1. 集中証拠調べに臨む ……………………………………………… 139
2. 証拠申出をする …………………………………………………… 139
3. 陳述書を作成する ………………………………………………… 141
Intermezzo 尋問事項書や陳述書の詳しさの加減は？ [異論・反論付] …… 144

Scene ii 尋問の打合せをする

1. 打合せをどう生かすか …………………………………………… 146
2. 証人汚染をしないために ………………………………………… 146
3. 尋問事項書に記載のない事実を尋問する ……………………… 147
Intermezzo 証人への心配りと証人汚染 [異論・反論付] ………………… 148

Scene iii 尋問をする

1. 尋問の留意点は …………………………………………………… 151
2. 主尋問をする ……………………………………………………… 153
3. 反対尋問をする …………………………………………………… 155
Intermezzo 反対尋問の収め方 [異論・反論付] ………………………… 160

Scene iv 尋問調書を取り寄せる

1. 尋問調書は必須ではない ………………………………………… 162
2. 最終準備書面を提出するか ……………………………………… 163

Act VI 和解の場面にて
西田弥代

Scene i 和解にどう臨むか

1. 常に判決を見据える ... 167
2. 弁護士としての人格・品格を磨く ... 167
3. 和解をゴールと見据えるか ... 169
   Intermezzo 和解をゴールとすべきか［異論・反論付］ ... 170

Scene ii 依頼者に和解を説明する

1. 事件の見通し、落としどころを再検証する ... 172
2. 依頼者と和解案を打ち合わせる ... 173
3. 依頼者を説得する ... 173
4. 依頼者からバッファをもらう ... 175

Scene iii 和解の申出をする

1. 和解交渉を始める端緒を作る ... 176
2. 相手方から提案させるか、当方から提案するか ... 177
3. 裁判所案を受ける ... 178
   Intermezzo 和解案の申出は書面によるか［異論・反論付］ ... 179

Scene iv 裁判所で和解交渉をする

1. 最初から落としどころを言うか ... 181
2. 裁判所を説得する ... 182
3. 相手方にどのような姿勢を取るか ... 182
   Intermezzo 和解交渉の際にかけひきするか［異論・反論付］ ... 184

Scene v 和解条項を作成する

1. 和解条項を作成すべし ... 186

2. 和解条項モデルを必ず確認する	186
3. 専門家に確認する	187
4. 支払先の情報を持参する	187

Scene vi 和解をどう成立させるか

1. 裁判上の和解はいつ成立するか	189
2. 第三者の参加が認められる	190
3. 受諾和解を成立させる	190
4. 裁定和解を成立させる	191

Scene vii 和解調書を受領する

1. 和解調書を受け取りに行くか	192
2. 和解条項の内容をチェックする	193
3. 和解調書を依頼者に送るか	193
4. 依頼者が複数の場合は	193

Act VII 判決言渡しの場面にて
西田弥代

Scene i 判決言渡しと判決受け取りに臨む

1. 判決言渡期日に出廷するか	196
2. 判決をどのように受領するか	197
3. 判決の送達を受ける	198

Scene ii 判決内容を検討する

1. 判決内容を説明する	200
2. 判決正本の原本を依頼者に渡すか	201
Intermezzo 判決を依頼者に会って説明するか ［異論・反論付］	202

Scene iii 控訴状を提出する

1. 控訴期間に控訴状を提出する ……………………………… 204
2. 控訴理由書を提出する ……………………………………… 205

Intermezzo 控訴をするか否かの見極め？ [異論・反論付] ……… 207

Scene iv 強制執行を準備する

1. 強制執行をするか ……………………………………………… 209
2. 差押財産を調査する …………………………………………… 209
3. 差押えのための資料を準備する ……………………………… 210
4. 申立書を起案する ……………………………………………… 212

執筆者紹介

Act I

事件受任の場面にて

Act I　事件受任の場面にて

Monologue

　Q弁護士は、先輩姉弁が一人いる事務所に就職したが、ボスは、事務所の事件をしっかりやってさえいれば個人事件の受任は自由といってくれている。しかし、どうやったら新しい事件を受任できるのだろうか、全く先が見えない。また、運よく事件を受任することができたとき、その依頼者に対してどう接したらよいのだろうかも、司法修習時代のわずかな体験ではとうてい対応することができない。ましてや、依頼者から話を聞くときにはどのような点に注意したらよいかについては、お手上げ状態である。新規登録弁護士研修では、見本を見せられて「委任契約書を作成することが義務づけられている」と説明されたが、現実にどんな契約書を用意したらよいのかがわからない。

　ボスは、「そんなに焦らなくとも、何とかなるものだ。むしろ、多くの種類の事件を処理して腕を磨くのが先決だ」と言うのだが、いまの30を超える顧問先をどのようにして開拓したのかをさっぱり教えてくれない。

　また、司法研修所同期の飲み会に行くと、広告で受任した依頼者ともめて大変だとこぼしていた人がいた。ボスは、「弁護士の依頼層は、その弁護士の人格の投影だ」とよく言うのだが、自分の人格がどんなものかすらもわかっていない。弁護修習のときに、配属先の弁護士が説得しているのにそれを全く聞き入れないとても頑固な依頼者がいたが、あのような人が自分の依頼者として私の面前に現れたとき、どう対応すればいいのだろうか、全く自信がない。また、民事裁判修習の本人尋問では、相手方弁護士の実にうまい反対尋問で嘘がばれた当事者本人がいたけれども、依頼者から本当のことを聞き出すのは実に難しいのだろうと思っている。

Scene i 広告をする

Prologue

　Q弁護士は、弁護士になったときに、事務所で作ってくれた挨拶状を知り合いや親戚に出したが、手当たり次第に出してもその数は200通が精一杯であった。司法修習の実務指導弁護士は、「弁護士以外に1000枚の年賀状を出せば一人前だ」と言っていたが、Q弁護士にとっては、夢のような枚数である。同期の即独弁護士は、インターネット広告のほか、新聞の折り込みチラシまでやっていると聞いた。最近、広告業者からのダイレクトメールも結構来ている。
　Q弁護士は、どうしたらよいか、とても悩んでいる。

1．日弁連の広告規程を知る

　弁護士の広告は、かつて、品位を害するとされて原則的に禁止されていましたが、平成13年の日弁連の会則改正によって、自由化されました。しかし、いかに自由といっても、誇大広告や虚偽広告のような弁護士の品位を失墜するようなものまでノーチェックというわけにはいかないため、日弁連は、「弁護士等の業務広告に関する規程」（以下「広告規程」といいます）を制定し、品位の保持に努めています。その概要は、次のとおりです。

(1)　広告全般について、①事実に合致していない広告（虚偽広告）、②誤導または誤認のおそれがある広告（誤認広告）、③誇大または過度な期待を抱かせる広告（誇大広告）、④困惑させ、または過度な不安をあおる広告（迷惑広告）、⑤特定の弁護士またはその事務所と比較した広告（比較

広告)、⑥法令、日弁連と弁護士会の会則・会規に違反する広告、⑦弁護士の品位または信用を損なうおそれのある広告が禁止されます（広告規程3条)。

(2) 広告表示として、①訴訟の勝訴率、②顧問先または依頼者、③受任中の事件、④過去に取り扱った事件または関与した事件を表示することが原則禁止されます（広告規程4条)。

(3) 広告方法として、①面識のない者に対する訪問または電話による広告が原則的に禁止され、電子メールによる広告も、送信先の承諾がない限り禁止され（広告規定5条)、特定の事件（たとえば航空機事故）の当事者・利害関係人で面識のない者に対する依頼勧誘の広告が禁止され（広告規程6条)、③広告の対象者に対する利益供与が禁止されています（広告規程7条)。

(4) 広告をする場合の義務として、①広告中に氏名と所属弁護士会を表示すること（広告規程9条1項)、②電話、電子メールで広告するときには、受任する法律事務の表示と範囲、報酬の種類・金額・算定方法・支払時期、委任契約の中途解除に関する事項を表示すること（広告規程9条の2)、③郵便で面識のない者に配布するときはそれが広告であることの表示をすること（広告規程10条)、広告をしたときは、当該広告物を3年間保存すること（広告規程11条）があります。

これらの広告規程の規律（職務基本規程9条にも規定があります）を知らないままに広告をすると、最悪の場合には会則違反として懲戒を受けることがありますから、要注意です。なお、日弁連では、広告規程の解釈に関して相当に詳細な「業務広告に関する指針」を制定していますから、広告をする場合には、折に触れて参照すべきです。

2. 広告業者の勧誘にどう対応するか

法科大学院制度が導入され、毎年多数の弁護士が生まれるようになった

頃から、弁護士間の競争に勝ち抜くなどとの触れ込みで、広告業者からの勧誘が多くなっています。それらを見ると、ホームページの作成をするというものから、弁護士を紹介するサイトに一定の費用を支払って登録するというもの、業者が作成する広告に一定の料金を支払うとその業者が事件を紹介するというものまで、実にさまざまです。即独の弁護士や独立間もない弁護士にとってみると、事件収入がほとんどない時期にこのような広告が舞い込むと、藁にもすがる思いで連絡をしてしまうこともあるのではないでしょうか。

　しかし、広告業者の中には、弁護士法72条に違反する周旋業者が混在しているようであり、注意が必要です。弁護士法72条は、弁護士でない者が、報酬を得る目的で、業として、訴訟事件・非訟事件その他一般の法律事件に関して、鑑定・和解その他の法律事務を行うこと、またはこれらの法律事件を弁護士に周旋することを禁止していますが、これに違反する事案は、実は跡を絶たないのです。少し前には、事件屋・整理屋等と呼ばれるようなアウトローの人たちが中心でしたが、現在は、一見何の問題もないような合法的な外形を作って弁護士に接近してくるので、人を疑うことに慣れていない弁護士には、大変に危険といえます。

　どうやって弁護士法72条に違反する業者かどうかを見分けるかについては、これだという特効薬はありません。ただ、一定の入会金や会費を支払えば必ず事件を紹介する、支払う金額が高額になればおいしい事件を複数紹介する等と標榜する広告業者には近づかない方が無難です。聞いた話ですが、インターネット広告業者の飛び込みの勧誘に応じて広告をすることを承諾し続けていたところ、その額が千万単位となり、広告料請求訴訟を起こされた挙げ句、破産したという若手弁護士がいたそうです。

3. 依頼者をどうやって獲得するか

　厳しいようですが、そもそも何の努力もしないで、お金さえ支払えば事件が舞い込んでくると考えること自体に問題があることを知ってほしいと思います。私は、司法修習生の実務修習を担当した際には、「どんな弁護士も、最初から多数の顧問企業を抱え、毎日忙しく事件処理をしていたわ

けではない。大多数の弁護士は、一つひとつの事件を丁寧に処理して依頼者の信頼を獲得し、その依頼者の紹介や口コミでさらに依頼者が来る。この繰り返しで依頼層が形成され、顧問会社も形成される。その意味で、口コミは、最大の広告効果がある」「事件がないからといって、一日中机に座って電話器を眺めていても事件は来ない。弁護士に事件を依頼するのは人間のみであり、その人間は、信用できない弁護士には決して依頼しない」「弁護士は365日すべてが忙しいわけではない。暇なときに何をするかでその弁護士の将来が決まる。法律専門家の弁護士として生きていくためには最新の法律知識が絶対必要である。成功した弁護士は、暇なときに限らずよく勉強する」などと教えています。修習生の反応はさまざまですが。

4. 弁護士の成功とは何か

　閑話休題となりますが、弁護士の「成功」に触れてみたいと思います。
　前項で、「成功した弁護士は、よく勉強する」といいましたが、実は、弁護士の「成功」の意味を明らかにしていません。成功は、「出世」とした方がわかりやすいかもしれません。あるとき、若手弁護士に「あなたにとっての出世とは何か」と聞きましたら、さまざまな答えが返ってきました。「お金持ちになって大豪邸を構えることが出世だ」「マスコミで注目されるような著名な事件を数多く取り扱うことが出世だ」「弁護士会の頂点である日弁連の会長になることが出世だ」「人権擁護こそが弁護士の使命であり、弱者の人権を擁護する活動で賞賛されることが出世だ」「弁護士は法律実務家であるから、法律実務の分野で学者もうなるような業績を上げることが出世だ」「法律紛争で困っている名もない人たちを救済することが出世だ」などなど。
　サラリーマンの世界では、段々に昇格して末は社長になることが出世だという意見がおそらく多数でしょう。しかし、弁護士の世界では「出世」が極めて多義的です。私は、この多義的なことが弁護士として職業の魅力であると考えています。

現場力の Essence

■ 広告をするときに日弁連の広告規程を見ないと、懲戒にまで発展する

■ 広告業者の中には弁護士法72条に違反する者がいる

■ 広告業者のおいしい話は話半分に聞く

■ 大多数の弁護士は一つひとつの事件を丁寧に処理して信頼を確立してきた

■ 口コミこそ最大の広告である

■ 暇なときに何をするかでその弁護士の将来が決まる

■ 成功した弁護士は、本当によく勉強する

■ 弁護士の「出世」は多義的であり、それが弁護士の魅力である

Intermezzo
広告をどう考え、どう使うか
異論・反論付

白森弁護士

　事件は、信頼で獲得するものである。その信頼はどうして醸成するかであるが、日々の仕事を誠実にやり遂げることに尽きる。そうすれば、誠実な事件処理に感動したその依頼者が、次の事件を紹介してくる。弁護士の依頼層は、誠実な事件処理の積み重ねで形成していくべきであり、「口コミ」こそがまさに最大の広告である。

　そもそも、一面識もない依頼者は、信頼関係を築くのに一苦労するのが常である。これまでに辞任されたり解任されたりした事件は、きちんとした紹介者がいない事件がほとんどであり、いわゆる飛び込みの依頼者は、やがて弁護士に無理難題を要求したり、弁護士の言うことに強く反論したりするものである。弁護士の敷居が高いと非難されるが、敷居の高さは、弁護士報酬の不透明さに主たる原因があったのではないか。弁護士へのアクセスについていえば、法律問題で本当に困っている人には必ずといってよいほどに親身に相談に乗る人が周囲にいるはずであり、その人の人脈を通じて弁護士にアクセスできるのではないだろうか。仮に、そのような親身になってくれる人がいないというのであれば、弁護士会の法律相談センターに行けば、適任の弁護士が紹介されるのではないか。

赤林弁護士

　「口コミ」が大切であるというのは、そのとおりだと思うが、口コミだけでは、限界がある。新規の依頼層を開拓していくためには、自分を磨くこと、人間関係

を広げることが肝要である。まず、「自分を磨く」というのは、研鑽を怠らないということであって、仲間との勉強会や弁護士会の研修会に出席し、法律知識と技能のスキルアップを図ることである。「人間関係を広げる」とは、弁護士はもちろん、さまざまな会合に出かけて、人間的な感化を受けることである。特に異業種との交流会は、役に立っている。

緑木弁護士

　二人の意見は、これまでの弁護士のオーソドックスな考え方であり、間違っているとはいえない。しかし、新人も含めた若手弁護士すべてがそのような行動原理で弁護士生活を全うできるかと問われれば、できないという回答になる。

　広告についての考え方は、ベテラン・中堅弁護士と若手弁護士の考え方の相違がはっきりと現れる課題である。確かに、弁護士法72条に違反する広告業者に取り込まれてはいけないと思うが、弁護士に簡単にアクセスできない人たちが存在することは事実であり、そのような人たちのために広告があると考えるべきではないか。また、広告で依頼を受ける人たちとの信頼関係は、簡単には築けないことは承知しているが、それは、弁護士の説明の巧拙にあるのではないだろうか。弁護士報酬、事件処理方針・処理経過などについての丁寧な説明を心がけ、誠実な事件処理をすれば、自ずと信頼関係は形成されるのではないかと思う。

　インターネット時代において、ホームページがないことはその弁護士の信用に直結するのではないかと思う。ホームページのない企業は、いまや存在しないのではないだろうか。

Act I 事件受任の場面にて

Scene ii 依頼者と初めて面談する

Prologue

　Q弁護士は、高校時代の同級生から電話をもらい、「知り合いのXという人が交通事故のことで悩んでいる。相談に乗ってやってくれないか」と言われたので、二つ返事で、「もちろん、いいよ。私の事務所の電話番号を教えるから、そこに電話をしてほしいと伝えてくれないか」と述べた。翌日、Xと名乗る男性から電話が入ったので、面会の日時を取り決めた。すると、最後にXは、「何か持って行くものはありますか」と尋ねたので、「お手元にある書類があれば、全部持ってきてください」と回答した。
　Q弁護士は、X氏と対面することになって、どう話を進めるのかが気になっている。

 現場力

1. 初対面の依頼者の緊張を解きほぐす

　依頼者の紹介を受けたとき、広告で知った依頼者の訪問を受けたとき、まずその依頼者は「どんな弁護士なのだろう」と考えながら法律事務所に来ることを知らなければなりません。これは、自分が病院に行くときを考えれば、すぐにわかるでしょう。病気が重ければ重いほど、「診察する医師はどんな先生なのだろうか」との不安を覚えながら、病院に向かいます。そこで、この依頼者の緊張を解きほぐすことをまず考えるべきです。
　具体的にいえば、事務所の応接室は、整理整頓されていながらも、風景等の絵画をさりげなく飾り、応接セット（最近は会議用テーブルと椅子がほとんどです）も事務所の顔といえるようなものを置いておくべきでしょう。華美でもいけないし、貧相でもいけないと思います。たとえば、病院

に行ったところ、数十年前の待合用椅子がだらしなく置かれ、ところどころが破れてガムテープを貼ってあった、壁にはかなりの数のシミや汚れがあり、掛け時計は止まっていたとしたらどうでしょうか。答えはいわなくてもよいと思います。

また、弁護士も、第一印象という点からいえば、服装と話し方に注意すべきです。最近は、クールビズ・ウォームビズの関係でノーネクタイが一般化していますが、ノーネクタイでよいのかどうかも気を遣うべきだと思います。話し方も同じであり、当初からあまりに砕けた話し方をすることは、危険が伴うように思います。もちろん、このことは華美な服装と慇懃な話し方を勧めるものではありません。

依頼者とまず対面して行うのは、名刺の交換ですが、これは、ビジネスマナーのイロハに当たり、依頼者は名刺の出し方をしっかり見ていることを知るべきです。また、受け取った依頼者の名刺をどのように扱うかも大切です。そっと自分の名刺入れの上に置いておくのがマナーであることはご存じのとおりです。マナーについては、本を買って学ぶのもよいでしょうが、さまざまな会合等に出かけて生きたマナーを学ぶのが視覚を伴って効果的だと思います。私は、事務所独立の頃から比較的倒産事件が多かったため、銀行等に出向く機会に恵まれました。銀行の支店長室で対応する銀行員から多くのマナーを実地に学ぶことができました。

2. 初対面の依頼者から何を聞き出すか

型どおりの挨拶が終わると、依頼者から、どのような法律問題に悩んでいるか、事実がどうなっているかを聞き出すことになりますが、その際、「弁護士は聞き役に徹せよ」といわれています。依頼者の緊張がほぐれたら、依頼者の考えていること、依頼者が体験したことを虚心坦懐に聞き出すべきであり、弁護士が誘導したり、話の途中で切ったりしてはいけない、と先輩弁護士は指導するのが常です。

しかし、私は、それも人によると考えています。依頼者の中には、離婚事件についていえば、弁護士が「それでは離婚原因についてお話しいただけませんか」と聞くと、「どこから話さなければいけないのですか」とか

「何が重要なのでしょうか」等と反問されることがしばしばあります。また、話の長い依頼者の場合、事件の核心には何の関係のない事実を脈絡なく延々と話すことが通例です。

　また、依頼者の話に付き合い続け、帰った後に大切な事実を確認するのを失念し、「どうしてお会いしている際に質問してくれなかったのですか」等と詰問されることもないではありません。

　やはり、依頼者に初めて面会し、話を聞くときには、全くの白紙状態で臨むべきではなく、弁護士もできる限り事前の準備をしておくべきです。たとえば、離婚・遺産分割等の家事事件については戸籍謄本を、交通事故事件については交通事故証明書を、倒産事件については会社謄本と直近決算書を事前送付してもらい、それらを検討しておくのがよいと思います。ただし、受任に至らないときもありますから、原本ではなくコピーの送付にとどめておくのが賢明だと思います。

　なお、関係する書類をすべて持ってきてほしいと言うと、とんでもない量の書類を持参する人、一番肝心な書類を忘れてくる人が結構います。そのようなときに、書類の山を一つひとつ見ていくのも時間がかかりますし、一番見たかった書類を探してもらうとしても、時間がかかることが多いのです。ケース・バイ・ケースなのですが、最初は、基本的な書類を事前送付してもらうにとどめるのが無難ではないでしょうか。

現場力のEssence

■ 依頼者は緊張して事務所に来るものである

■ 応接室は事務所の顔であるから、それに相応しいものにする

■ 依頼者は弁護士の名刺の出し方をしっかりと見ている

■ 依頼者と初めて会う際も、事前準備をしっかりと行う

■ 最初の打合せまでに基本的な書類を事前送付してもらう

⊕ Intermezzo

弁護士の服装、事務所の設備はどうあるべきか

異論・反論付

白森弁護士

　まず、弁護士の服装からいうと、最近は本当に自由になったと実感する。ノーネクタイは、最初は抵抗があったが、いまはほとんどなくなった。夏場は、ネクタイを締めていると逆に違和感があるくらいである。しかし、派手な色のシャツ、ジーンズ（チノパン）、スニーカーの出で立ちには、流石にどうかと思う。ある弁護士は、「派手なシャツやジーパン・スニーカーの弁護士は、アウトローの人たちや若い人たちに人気があるのだそうだ。ＩＴ系の人は、背広なんか持っていないそうだ。確かに、ビル・ゲイツやスティーブ・ジョブズの背広姿は見たことがない」と言っていたが、弁護士の世界もＩＴ業界と同様なのだろう。

　次に、事務所の設備であるが、いたずらに華美にならず、落ち着いたものを選ぶべきだというのは、そのとおりである。ただ、応接セット、自分の事務机と椅子は、一度購入するとほぼ半永久的に使える。買換えもなかなか決断できないのが常である。事務所独立体験記のなかに、開業資金が乏しいため、安い中古の什器備品を購入した例が記載されていたが、あまり勧める気になれない。一生に一度の買い物であり、弁護士としての人生設計にも関わるものであるから、少し無理をしてもよいものを買うべきである。

赤林弁護士

　服装については、白森先生の意見に賛成する。やはり、裁判所で法廷に立つ際、派手なシャツ、ジーパン・スニーカーは、ミスマッチであろう。ＩＴ系の人たちの服装は、人間にあまり会わないからであろうと想像する。
　事務所の備品についても、依頼者は実によく見ているものである。私は、パリの街を描いた絵を飾っているが、依頼者とその絵の話で盛り上がり、一気に打ち解けたことがある。

緑木弁護士

　一般論としては、白森先生と赤林先生の言うとおりだと思う。しかし、私が知っている即独の弁護士は、ロースクールの奨学金と修習時代の貸与金の返済で、気に入った備品を購入することが全くできなかったと言っている。東京や大阪の大規模事務所に事務所訪問した際、エントランスと応接室の素晴らしさに度肝を抜かれたことがあるが、これはいわゆる街弁には無用なものであろうと思う。どのような弁護士を目指すのかによって、服装も事務所の備品も自ずと決まってくると考える。

Act I　事件受任の場面にて

Scene iii　依頼者から話を聞く

Prologue

　Q弁護士は、依頼者X氏との名刺交換も終え、いよいよ事情聴取に入っていった。事故の日時・場所、事故当事者、事故態様は、交通事故証明書で事前に把握していたが、X氏は、頸椎捻挫で8か月間整形外科と整骨院に通院しており、損害保険会社から治療費の支払をストップされたことを話した。また、自分は、ある小さな個人会社の代表取締役を務めているが、損害保険会社からは、休業損害は役員報酬については発生しないといわれ、毎日痛みを堪えて仕事に出ているとのことである。しかし、インターネットで調べたら、通院慰謝料の金額は、通院期間と通院日数でほぼ決まると書いてあり、仕事をしないで通院している方が慰謝料額が大きくなって有利になることも知り、ガックリしているという。
　Q弁護士は、初めての交通事故案件であり、どのように依頼者から話を聞き出すか、困ってしまった。

1. 聞き出す事項を事前に整理しておく

　依頼者から話を聞くときは、どのような事件で来るのかをあらかじめ聞いておき、聞き出す事項・事実について事前に整理しておくべきです。弁護士と面会するまで事件の内容を言わない依頼者もいないではありませんが、通常は、電話で「どのような法律問題で困っておられるのですか」と尋ねれば、[**Prologue**]にあるようなことは話してくれるのが通常です。そこで、交通事故で頸椎捻挫の損害が問題となっている案件であることがわかれば、事前に依頼者から聴取すべき事項も整理しておくことができるはずです。そうすることによって問題点が整理されたわかりやすい打合せ

を行うことができ、依頼者からも「よくできる弁護士だ」との評価を受け、信頼も高まります。

X氏の場合であれば、「頸椎捻挫の症状固定までの平均的期間はどのくらいか」「柔道整復師の施術が損害として認められる要件は何か」「役員報酬について休業損害が認められる要件は何か」「症状固定診断を受けた後に後遺障害等級認定の見込みはあるか」等をあらかじめ調べておくべきです。そして、X氏と面会したときは、問題点に基づいた質問を的確に行い、回答を引き出していくべきです。

医療の世界では、診療科目が細分化し、専門化が著しく進んでいますが、総合内科という診療科目は、大変に重要さを増しています。まず先に患者を診察し、どの診療科に診てもらうべきかを診断するのですが、その医師は、内科に関するオールラウンドかつ深い知見が要求されます。当該の民事事件に関するオールラウンドの法律知識と実務経験があれば、事前の準備なくして面談してもよいのですが、新人・若手弁護士にそれを期待するのは無理だと思います。

2. 依頼者からの事情聴取についてはメモを取る

依頼者から事情を聞く際、メモは最小限にし、言いたいことをできる限り引き出すべきであるといわれることがある。確かに、メモを取ることに集中するあまり、依頼者の話す内容を吟味することを忘れるような弁護士だと、メモは最小限にしなければならないといえるでしょう。しかし、通常は、メモを取っておかないと、後で依頼者が何を話したかどうかがわからなくなってしまいます。最近は、一人の依頼者に対して二人の弁護士が対応する態勢を取っている事務所があり、その場合はサブの一人の弁護士がメモ取りに集中することになると思いますが、ただ、そのような態勢は常に取れるわけではありませんし、新人弁護士の初めての個人事件については、複数弁護士の対応は望むべくもないと思います。

メモの取り方については、一人ひとりのやり方があるように思われます。速記顔負けの速度でメモを取る人、要点のみを簡単にしかメモしない人、さまざまです。私は、メモの活用にこそ意味があると考えています。すな

わち、メモ（Memorandum）は、あくまでも後日作成される正式書面のための覚書にすぎません。したがって、メモの賞味期限は短く、その期間内に正式書面が作成されなければならないのです。「メモのこの記載の意味は何だっけ」という経験がありますが、それは、メモがメモではなくなっているだけだと思います。メモを取った後は、賞味期限が過ぎないうちに（私の場合は、打合せにおける発言の流れを思い出すことができ、メモはどのような場面でしたかを思い出せるうちに）正式の書面に進むように努めています。

3. 六法全書を脇に置いて参照する

　依頼者は、「弁護士さんは、あの厚い六法全書を全部覚えているんですってね」とよく言います。「そんなことはありません。ただ、どこに何が書いてあるかがだいたいわかるのですよ」と答えると、「そうなんですか」と予想外の顔になります。このことが影響しているのかどうかわかりませんが、弁護士の中には、依頼者の目の前で六法全書をめくることを恥ずかしいと考えている人がいるそうです。

　しかし、そんなことはないと思います。「ちょっと待ってください。調べてみます」と言って六法全書のページをめくり、「ありました。法律の条文はこうなっていますよ」と言って条文を読み上げると依頼者は安心した表情になります。私は、場合によっては、該当の条文をコピーしてカラーマーカーを引いて渡すこともしていますが、依頼者は大切そうに持ち帰ってくれます。「先生は六法全書をわざわざ調べないと法律のことがわからないのですか」などと言われたことは一度もありません。ちなみに、私は、著名な体系書や判例百選などの該当箇所のコピーも渡すことがありますが、これも喜ばれています。

　弁護士は、経験を積めば積むほど、その経験が丁寧な法令調査を怠けさせる方向に作用すると思います。つまり、勘で仕事をするようになるのです。しかし、これがときに大きな間違いを惹き起こすことはよく知られているところです。依頼者の前で六法全書を引くことは恥でも何でもないことを肝に銘じるべきだと思います。

| Scene iii | 依頼者から話を聞く

現場力のEssence

■ 依頼者に会うときは聞き出す事項をあらかじめ整理しておく

■ 事前準備ができていると「できる弁護士だ」との評価につながる

■ 依頼者と打合せをするときにはメモを取る

■ メモの賞味期限は短いから早く正式書面を作成する

■ 依頼者との打合せでは六法全書を脇に置いておく

■ 依頼者の目の前で六法全書を検索することは恥ではない

■ 勘で仕事をすると大きな間違いを犯す

Intermezzo

メモの取り方あれこれ

異論・反論付

白森弁護士

　私のメモの取り方は、レポート用紙に大切な事項をボールペンで記載していく方法である。答弁書や反論の準備書面を作成するための打合せでは、訴状、相手方準備書面のコピーを用意しておいて、それに赤ボールペンで書き込んでいくやり方を採っている。

　問題は、メモを取った後の活用であるが、メモの賞味期限は決して長くないこと、すなわち時間を置かずしてメモを見ながら記憶を喚起して正式原稿を作成しなければならないことは十分に承知していながら、ついつい時間が経過してしまうことにある。本来であれば、原稿の作成日を決め、それに併せて依頼者からの聞き取りをすべきなのであろうが、なかなか実行できない。

赤林弁護士

　私も、レポート用紙にメモを取る方法を長く続けてきている。メモをどう取るかは、打合せの内容次第である。たとえば、訴訟を提起する場合の事実関係の聞き取りであれば、要件事実に沿って詳細に聞き取りを行いそれをメモする。相手方提出書面に対する認否と反論をするための打合せも同様である。本人や証人尋問の打合せであれば、あらかじめ尋問すべき事項を整理しておき、弁護士の認識と本人・証人の認識とが異なる場合の対応方針、尋問の場で気を付けるべき点等をメモする程度である。和解条件に関する打合せでは、相手方の対応の読み、依頼者に対する説明が中心とな

るから、和解の席上で忘れてはならない点をメモするにとどまることが多い。

緑木弁護士

　私は、ノートパソコンを会議用テーブルに置き、依頼者の言うことを素早く入力している。幸い、高校生のときからパソコンに親しんでいたから、キーボードを叩く早さは体得している。ただ、私の知り合いの弁護士は、小さな録音機を依頼者の前に出して「正確を期したいので、これからの打合せ内容を録音させていただきたいと思います。ご了解いただけますか」と聞くようにしているとのことである。無断録音は論外だと思うが、録音機が回っているというだけで緊張する人も多いと思われるから、すべての人に妥当するやり方とはいえないのではないか。

Scene iv 委任契約書を作成する

Prologue

　Q弁護士は、X氏から、交通事故に基づく損害賠償請求事件を受任することとなり、委任契約書を作成することになった。ところが、Q弁護士は、未だイソ弁であるために弁護士報酬の基準をどのように作成してよいかわからず、行き詰まってしまった。ボスに事務所の報酬基準がどうなっているかを尋ねたが、廃止された弁護士会の報酬基準をそのまま引き写しただけであると言われてしまい、拠り所もなかった。同期の弁護士にも聞いたが、日弁連の会規が委任契約書の記載事項を規定しているとの情報が得られただけで、どのように委任契約書を作成すればよいかは不明なままとなった。
　Q弁護士は、委任契約書の記載方法と注意点をぜひとも知りたいと考えている。

現場力

1. 委任契約書の作成は義務となっている

　職務基本規程30条1項は、事件を受任するにあたって、弁護士報酬に関する事項を含む委任契約書を作成することを義務づけています。委任契約書を作成しなくともよいのは、法律相談、簡易な書面の作成、顧問契約に基づく依頼その他合理的な理由のある場合に限定されています（同規程30条2項）。したがって、どんなに親しい関係にある依頼者であっても、委任契約書を作成しなければならないわけです。委任契約書の作成がないことが懲戒処分の原因とされたこともあります。

　そして、弁護士の報酬に関する規程5条4項は、委任契約書の記載事項を規定し、①受任する法律事務の表示と範囲、②弁護士報酬の種類、金額、算定方法および支払時期、③委任事務終了までの間委任契約の解除ができ

る旨、④委任契約が中途で終了した場合の清算方法を挙げています。

　委任契約書は、委任を受けた法律事務の範囲を明確にするとともに、弁護士報酬に関する紛争を回避することを主たる目的とするものですが、委任契約書を作成するようになってから、依頼者の誤解がなくなった、弁護士報酬の請求がしやすくなったとの声が聞かれます。また、委任契約書を作成しておけば、依頼者からの不当な攻撃を受けたときの盾となります。委任契約書は、自分を守る役割があることを肝に銘ずるべきであり、どのような条項を設けるべきかもこの点から決まっていきます。

2. 難しいのは弁護士報酬である

　委任契約書を作成する上で最も難しいのが弁護士報酬に関する事項であることに異論はないと思います。平成12年の弁護士法改正によって弁護士会が定める報酬基準が廃止され、弁護士報酬の決定が自由化されたことはご存知のとおりです。そして、弁護士は、弁護士の報酬に関する基準を自ら作成し、事務所に備え置かなければならないことになっていますが（弁護士の報酬に関する規程3条1項）、独自の報酬基準を作成している弁護士はわずかであって、ほとんどの弁護士は、廃止された弁護士会の報酬基準をそのまま引き直しているといわれています。

　その場合、着手金と成功報酬の基準として依頼者が受ける「経済的利益」の何％という算定方式が採用されますが、その経済的利益の算定が実に難しいのです。たとえば、交通事故事件の成功報酬金を算定する場合に、損害保険会社の当初の提示額を控除して算定するかどうかによって金額に大きな差異が生じます。売掛金請求事件で、認容判決が出た時点で成功報酬を請求できるとするのが一般的ですから、その後全く回収ができなかったときでも、依頼者に経済的利益が発生したとされています。依頼者は、この点に関する事前の説明が十分でないと、なかなか納得しません。弁護士が説明の腕を磨かなければならない事項の一つです。

　これに対し、弁護士間の競争が厳しくなってくるにつれ、新たな動きもみられるようになっています。たとえば、定型的な事件や依頼が多い事件についての定額制の導入です。個人の自己破産申立が30万円、離婚事件

の着手金一律30万円というものです。弁護士の広告をみると、この定額制が採用されている例が結構みられます。もう一つの動きが、完全成功報酬制の導入です。これは回収が必ずといってよいほど認められる事件、たとえば、過払金請求事件、残業代請求事件等について、「着手金0、成功報酬は回収額の30％」とするものです。完全成功報酬制については、訴訟を投機の対象にするものであるとの理由からこれを禁止する国もありますが、わが国では、事案の難易、時間と労力その他の事情に照らして適正かつ妥当な金額であれば（弁護士の報酬に関する規程2条）、禁止されません。着手金を請求しない代わりに成功報酬金を高めにするというが一般的でしょうが、一律に回収金額の半分とするのは、それが高額の場合（たとえば1000万円の場合）にはいかがなものかと思います。やはり段階的に割合を設定すべきであろうと考えます。

3．委任契約書はいつ調印するのがよいか

　職務基本規程30条1項は、委任契約書の作成時期に関して、「事件を受任するに当たり」と規定しているのみであって、「事件を受任したら直ちに」とはいっていません。ある弁護士は、当該依頼者の事件を受任してよいかどうかを見極めてから委任契約書を作成することにしているといいます。委任契約書は、依頼者の利便がとかく強調されますが、弁護士側からみれば、委任契約書に調印することはこの依頼者の事件を正式に受任する意思を確定的に表明することであって、もはや後戻りはできないという覚悟をすることであるというのです。また、ある弁護士は、依頼者は移り気だから、早い時点で委任契約書を締結し、簡単には依頼を断れないようにしているといいます。

　どちらも、一理ありますが、私は、どちらかというと、即時に委任契約書に調印するのはリスキーな面があるように考えています。

［髙中正彦］

| Scene iv | 委任契約書を作成する

現場力のEssence

■ 委任契約書を作成すると弁護士報酬の請求がしやすくなる

■ 委任契約書は依頼者からの不当な攻撃に対する盾となる

■ 一番難しいのは弁護士報酬であり、「経済的利益」の説明が大切である

■ 定型的事件や大量受任事件では定額報酬制度が進んでいる

■ 完全成功報酬制を採用するときには労力との均衡を考える

■ 委任契約書を作成することは、後戻りできないことである

■ 移り気な依頼者については、早く委任契約書を作成することもある

Intermezzo

異論・反論付

中途解除をどう規定するか

白森弁護士

　委任契約書で一番悩ましいのは、弁護士報酬の金額をどのように算定するかの条項であるが、次に悩むのが、中途解除の条項である。「みなし成功報酬」といって、「弁護士の責に帰することのできない事由で依頼者が委任契約を中途で解除したときは、弁護士は、依頼事件が成功したものとみなして成功報酬金全額を請求することができる」とする条項があるが、私は、「去る者は追わず」に徹し、そのような条項は設けないことにしている。設けているのは、民法648条3項にあるような、履行割合による報酬請求の条項である。具体的には、「委任契約が、弁護士の責に帰することのできない事由によって中途で終了したときは、すでに履行した法律事務の内容に応じて、すでに受領した着手金を清算します」としている。受領済みの着手金が労力等に照らして過大であれば返還を要するとする判例があることも承知している。

赤林弁護士

　残念なことであるが、私は、過去に勝訴目前までいった事件について、よからぬ友人の入れ知恵によって、私との委任契約の些細なことを取り上げて解除された経験がある。「みなし成功報酬」については、過去にさまざまな裁判例があり、最近では消費者契約法に基づいて無効とされた例もあると聞いている。したがって、現実に「みなし成功報酬」を請求することは慎重の上

にも慎重にしたいと考えているが、委任契約書には、白森弁護士が指摘したような条項を設け、自分を守るようにしている。

緑木弁護士

　私は、まだ依頼者から中途解除された経験もないから、中途解約も日弁連のモデル案をそのまま引用している。日弁連のモデル案は、かなり詳細であるが、その内容で問題はないと考えている。

　ただ、先輩や友人から聞くと、依頼者から中途で委任契約を解除されるのは何ともやりきれないとのことである。特に、依頼された事件を誠実に処理しもう少しで目的達成して成功報酬金の請求ができるぞと期待した頃に、何の説明もなく、また実に些細なことを取り上げて解除されると、「何で依頼者の心変わりに気が付かなかったのか」「そもそも何でこんな事件を引き受けてしまったのか」と考え、悔しさで眠れなくなるという。私は、そのような経験をしたくないので、あらゆる意味で自分を磨くことにしたいと考えている。

Act Ⅱ

方針決定の場面にて

Act Ⅱ　方針決定の場面にて

Monologue

　Q弁護士は、弁護士になって6か月。ようやく自分自身への依頼事件が来た。学生時代からお世話になっている不動産業を営む人から紹介されたX氏であるが、初めての個人受任の依頼者なので、丁寧に対応したい。

　X氏は、地元でアパートを2棟所有して賃貸しているが、今回の相談の相手方は、そのアパートの一室を賃借しているY氏とのことである。X氏によれば、Y氏は夫婦2人暮らしで、すでに半年も家賃を滞納しているという。もともと家の中の整理ができないタイプらしく、借家人の隣人の話によると、どうも部屋の中はゴミなどが相当溜まっていわゆるゴミ屋敷の状態らしい。

　Y氏は、以前にも家賃を相当滞納したことがあるが、そのときは、Y氏の勤務先が倒産して失職し、アルバイトで食いつないでいる状態であったことが原因だったのだそうだ。その滞納については、X氏が自分で対応したとのことだが、Y氏には代理人の弁護士が就き、その弁護士との交渉の結果、やむなく滞納家賃の7割を分割で支払ってもらい、そのまま居住を続けさせることにしたという。

 Scene 1

相手方と接触を図る

Prologue

　依頼者のX氏としては、もう2回目のことであり、許せないので、アパートから出て行ってほしいという。しかし、Y氏に資力があるとは思えず、差押えすべき財産もわからない。判決を得て強制執行をするとなると費用がかさんでしまうが、X氏としては、お金はなるべくかけたくないという。Q弁護士としても、できれば煩瑣な手続を経ずに交渉で解決を図りたいが、果たしてY氏本人に直接連絡をしてよいものだろうか。

現場力

1. 相手方に代理人が就くときと就かないとき

　弁護士になったばかりの頃は、相手方に代理人の弁護士、それも経験が豊富な老練の弁護士などが就くと、身構えたり、気を張ったり、必要以上に相手方弁護士を警戒したりすることがありますが、しばらくして慣れてくると、相手方に代理人弁護士が就いた方がかえって交渉しやすい、と感じることが多くなるように思います。弁護士が交渉の相手方だと、よほどのことがない限り、感情に左右されない冷静で合理的な判断が期待でき、解決の道筋が見えやすくなるためです。

　Q弁護士が受任した事件でも、以前は借家人のY氏に代理人の弁護士が就いていたようです。このような場合、どのようにして相手方にアプローチすべきでしょうか。

　従前、同様の事件で相手方に代理人弁護士が就いていたとしても、当該弁護士が今回の紛争についても対応するかどうかはわかりません。しかし、他方で、職務基本規程52条は「弁護士は、相手方に法令上の資格を有する代理人が選任されたときは、正当な理由なく、その代理人の承諾を得ないで直接相手方と交渉してはならない」と定めているため、相手方に代理人が就いていないと決めつけて直接Y氏に連絡を取って交渉を始めると、相手方からすでに委任を受けている弁護士から職務基本規程52条違反であるとの抗議を受けることにもなりかねません。弁護士には、プライドの高い人も多く、「自分が代理人に就任しているのにそれを無視するのは何事だ」と猛抗議するケースも多いといわれます。

　このような場合には、まずは、以前に委任を受けていた弁護士に連絡を取ってみるのがよいように思います。すでにその弁護士が相談を受けていたり、相談を受けてはいないものの、まだ関係が継続しているような場合には、簡単に状況を説明した上で、今回も受任するかどうかを確認し、受任に至れば、その弁護士が代理人として交渉の窓口になります。本件のように、相手方本人との連絡が取りにくいことが予想されたり、法的な結論

が明らかな事件で、相手方に代理人が就いて、相手方本人への説得を期待したいような場合では、以前に代理人であった弁護士に積極的に連絡を取ってみるべきでしょう。

しかし、他方で、相手方の不法行為責任を指摘したり、事実関係に関して深刻な対立が予測されるような事件では、依頼者側の認識や法的手段を検討している事実自体について、秘密裏に対応したい場合もあるでしょう。当然ですが、そのような場合には、以前受任していた弁護士に連絡をしてしまうと、その弁護士を通じて相手方にこちらの手の内が筒抜けになってしまいます。また、依頼者からは守秘義務違反だといわれかねません。

以上のように、以前に相手方が依頼していた弁護士に連絡をするかどうかは、ケース・バイ・ケースといえます。

ある弁護士の経験では、別の弁護士から、突然「先生は、Ｘさんの代理人をまだ務めておられますか」と聞かれたことがあったそうです。そのときは念のため、「いや、代理人を務めてはいないけれども、Ｘさんから依頼があれば、多分受任することになると思います」とだけ回答しておいたそうです。注意をしてほしいのは、受任の事実を確認された弁護士の中には、不用意に元の依頼者に対して「また、Ｙさんともめているんだってね」などと連絡してしまうことが考えられ、Ｘ氏が感情的になってしまうことがないわけではないことです。

私は、前の弁護士が受任していた時期が何年くらい前であったかを確認し、事案によって、２年から３年前の元代理人であれば、連絡を取るようにしていますが、相手方本人の属性や事件の性質等によって、判断が分かれるところでしょう。

2. 相手方にはどのような方法で連絡するか
(1) 相手方に代理人弁護士が就いたら
相手方に代理人の弁護士が就いたとすれば、郵便、ＦＡＸ、電話、メールなど、事件の性質や相手方弁護士の希望に応じて最も利用しやすい通信手段を選択すれば、通常は問題になることはありません。ただ、特に相手方が熟年の弁護士の場合など、名刺の交換後にその名刺に記載されている

メールアドレスにいきなりメールで連絡が来ることには抵抗がある、という人もいるようです。また、中には、面会したり連絡を取り合ったりしたことがなく、名刺交換をしたこともないにもかかわらず、弁護士会の委員会や公益活動などのメーリングリストでメールアドレスがわかったといって、そのメールアドレス宛てにメールをしてしまい、メールを受けた弁護士から、失礼だと叱責されたなどという話も耳にします。メールは、通信手段としては確固たる地位を築き上げ、法律事務所でも電話が鳴る回数は激減していますが、そうはいっても、メール使用に抵抗がある弁護士もまだまだいると思います。メールを送信する際は、相手方弁護士のスタンスにも十分に配慮すべきだといえます。

なお、同じような問題は、ＦＡＸについてもあります。最近は、誤送信の不安からＦＡＸ通信を禁止する金融機関などが増え、ＦＡＸは通信手段としての利便性を失いつつあり、どちらかといえば、すでに古い通信手段の部類かもしれませんが、突然のＦＡＸ送信を嫌う弁護士もいないではありません。やはり相手方弁護士の意向を確認してからＦＡＸ送信するのを原則とすべきでしょう。

(2) 相手方が弁護士以外の法律専門職のときの対応

弁護士法72条は、「弁護士又は弁護士法人でない者は、報酬を得る目的で訴訟事件、非訟事件……その他一般の法律事件に関して鑑定、代理、仲裁若しくは和解その他の法律事務を取り扱い、又はこれらの周旋をすることを業とすることができない」と規定しています。「法律事件」の解釈については、事件性が必要か等を中心として意見の分かれるところですが、司法書士、行政書士、税理士など、弁護士でない法律専門職が相手方を代弁する形で交渉の窓口になろうとする場合がないわけではありません。司法書士法が規定する代理権限の範囲内にあることが明らかな事件について司法書士が代理する場合は、その司法書士と交渉をして問題はありませんが、司法書士法、行政書士法、税理士法が規定する権限を逸脱していると思われる場合に、その司法書士、行政書士、税理士とどこまで付き合うかは難しい問題です。

本件のように相手方本人と連絡が取りづらい場合などでは、仮に権限外であることが明確な場合でも、その法律専門職をとりあえずの連絡窓口にしておきたいと考える場合もあるでしょうが、前述の弁護士法の規定からすれば、弁護士自らが弁護士法違反の者の行為を容認するようなことは避けるべきです。それぞれの根拠法が規定する権限を越えていると判断した場合には、交渉相手はあくまでも相手方本人とすべきであり、その法律専門職と交渉等を継続することは回避すべきです。仮に、当該法律専門職が交渉をしてきたとしても、あくまでも相手方本人と直接交渉をするというスタンスを崩さないようにしましょう。具体的には、当該法律専門職から文書等が来ても、返信は必ず相手方本人に宛ててする、相手方本人から文書の受領書を必ずもらうようにするなど、毅然とした対応をすることが求められます。

(3) 相手方本人が対応するとき

　相手方に代理人の弁護士が就任せず、相手方本人と交渉する場合、初めに考えることは、どのような形で連絡を取るか、ではないでしょうか。

　しかし、相手方本人、特に会社関係ではない個人に連絡をする場合には、連絡手段一つを取っても、最初の選択を誤れば、最後まで尾を引くことになりかねません。過去には、相手方の会社におけるメールアドレスを氏名などから推測し、そこに突然にメールを送って懲戒請求を受けたり、親展にすべき内容の郵便物を親展にせずに送って問題になったりと、さまざまな失敗例があります。

　連絡手段の選択の際には、これまでほとんど弁護士に会ったり、付き合ったりしたことがない可能性のある相手方本人が、当該連絡を受けてどのように感じるかについて想像力を働かせることが何よりも重要だと思います。特に、本件のように、法的に有利な結論になることが明らかであるような場合の方が、かえって連絡手段の選択には慎重な対応が求められます。弁護士は、法的に有利な結論が得られると思うと、とかく強い姿勢で書面を作ったり、交渉態度がついつい尊大になりがちですが（それではいけないのですが）、相手方も冷静な弁護士や法律専門職である場合はともかく、

相手方本人に対してそのような対応は禁物です。多くの場合、法的に有利な結論が得られないことについては、相手方本人も気付いています。弱いところを突かれて、相手方がやぶれかぶれになったり、逆に居直ったりすれば、穏便な解決の道は遠のいてしまいます。特に、従業員を相手方とする労働事件や離婚事件など、相手の日常生活に大きな影響が生じるような場合には、慎重な対応が必要です。

相手方本人の属性や性格を依頼者や関係者から正確かつ詳細に聞き、最善の対応を慎重に検討しましょう。

(4) 本人の親族や関係者が交渉窓口として出てきたとき

相手方が代理人弁護士や法律専門職を交渉窓口に立てないときに、相手方本人の配偶者や親族、関係者と称する者が窓口として前面に出てくることがあります。交渉する側としては、あくまでも交渉の相手は本人であり、第三者の関与はできる限り排除したいところですが、本人が病気だったり、意思疎通がうまくできないなど、やむを得ない事情があることも少なくありません。そのようなときも、必要に応じて本人と接触を図って意思を確認したり、成年後見人の選任を待つなど、慎重な対応を心がけましょう。特に、相手方が高齢者の場合など、事実上その親族を窓口とせざるを得ないような場合もありますが、最終的に相手方本人が死亡して相続が発生した場合に他の相続人からクレームが付いたりして問題が生じることなども考えられます。

私は、賃料の長期滞納を原因とする建物明渡しの事件で訴訟を提起し、相手方欠席で調書判決がなされ、強制執行しようと現地に行って賃借人本人である夫と初めて面会したところ、その妻が夫から受け取った賃料をすべて費消してしまったことから延滞が生じていた事案だったと判明し、訴状も判決書もすべて妻が受け取って隠匿し、夫には何も知らせていなかったということを経験したことがあります。妻は、同居者で、「書類の受領について相当のわきまえのあるもの」に当たりますから（民訴法106条1項）、送達は有効であり、手続上は問題にはなりませんでしたが、夫婦間であってもこのような事例があります。交渉の相手方には十分に注意す

る必要があります。

現場力のEssence

- 交渉の相手方に元代理人がいる場合は、必要に応じて事件の受任の有無を確認する

- 相手方が代理人弁護士だからと手を抜かず、連絡手段を慎重に確認する

- 司法書士、行政書士、税理士など専門職の権限外の対応には十分注意する

- 相手方本人に連絡を取る場合、連絡を受けた側の心情をくみ取って対応する

- 相手方本人の代わりに親族等と交渉せざるを得ない場合も、本人の意思確認を怠らない

相手方に連絡する手段を考える

Prologue

　結局、相手方のY氏には代理人が就かず、Y氏本人と直接交渉することになった。Y氏は、あまり法的な知識がありそうではないが、余計な費用と時間をかけて依頼者に迷惑がかからないよう、早期の解決を目指すことにしたい。しかし、賃料不払いによる債務不履行解除の要件事実くらいは知っているが、当事者本人に出す書面については、内容証明郵便で警告文を書いた経験くらいしかない。どのようなことに気を付けて文書を作ればよいのだろうか。

1．文書を作成する

(1) 題名～「ご連絡」「御連絡」「ご通知」「御通知」「通知書」「催告書」「督促状」～

　郵便で文書を送る場合、文書に題名を付けることが多いのではないかと思います。どのような題名を付けようが、法的な効果は変わらないでしょうが、相手方が受ける印象には結構違いが出ます。法的な効果が同じなのであれば、文書を送付する目的との関係で、少しでも効果的な方法を選択すべきであり、そのためには題名にも十分配慮したいところです。相手方に文書を送付する場合、どのような題名を付けるべきでしょうか。

　まず、裁判所などの公的機関に提出する文書を作成する場合、弁護士は、「公用文の書き方」を参考にすることが多いのではないかと思います。官公庁で作成する文書の書き方については、統一性の観点などから、通常の日本語の書き方や国語におけるルールよりも詳細な慣行があります。昭

和27年4月4日付内閣官房長官依命通知がその基礎となるものです（「公用文の書き方」の関係文書は文化庁ホームページにありますし（http://www.bunka.go.jp/kokugo_nihongo/sisaku/joho/joho/series/21/21.html）、他にもオンライン上には「公用文の書き方」についてまとめられたページがあります）。これによれば、接頭語の漢字の「御」とひらがなの「ご」は、接頭語が付く次の言葉を漢字で書く場合、原則として漢字の「御」で書き、次の言葉を仮名で書く場合は、原則としてひらがなの「ご」を用いることになっています（平成22年11月30日付内閣訓令第1号）。たとえば、連絡や通知などはそれぞれ「御連絡」「御通知」と記載し、「ごあいさつ」はひらがなで表記します。

　ただ、特に相手方本人に初めて連絡をするような場合は、文書の題名から受ける印象にも配慮した方が後々の交渉をスムーズに進められるという利点があります。場合によっては、こちら側の柔軟な解決を希望する姿勢を印象付けるためにあえて「公用文の書き方」には従わず、「ご」を用いた方がよい場面もあるでしょう。また、「通知」という題名は、どちらかというと、発信側から一方的に意思を伝えるような印象を与えるように感じられますから、より印象が和らぐ表現として、「連絡」を用いた方がよいこともあるでしょう。たとえば、借地借家法所定の正当事由の有無についての争いが予想される中で、賃貸人から賃借人に対して解約申入れや明渡しを求める場合に、すぐに裁判所で手続を開始するのではなく、まずは穏当な交渉での話し合い解決を検討したいような場合には、「通知書」と題名を付けがちな場面でも、より平易で温和な印象の題名を検討すべきであると思います。他方、貸金返還請求や賃貸借契約における賃料未払いの督促など、発信者側の強い姿勢を相手方に示しておきたい場合には、「通知書」「催告書」「督促状」といった題名が検討されることになるでしょう。

文書の前文・頭語・結語の書き方

●一般的な頭語と結語

	頭　語		結　語
最も丁寧な場合	謹啓		謹白
一般的な場合	拝啓		敬具
簡略に済ます場合	前略	冠省	草々
返信をする場合	拝復		拝答

※副文を付ける場合は「追伸」「追而」を用います。
※仲間どうしの場合は頭語は省略し、最後に「以上」と入れます。
※ひとまとまりの事項をまとめて伝えたい場合「下記（上記）のとおりご連絡いたします。」などと書くことがありますが、この場合、当該ひとまとまりの事項の上に中揃えで「記」と、最後に右揃え（縦書きの場合下揃え）で「以上」と記載します。

●文章の前文の書き方

（1）はじめに、時候の挨拶を入れます（41頁参照）。
（2）次に、安否の挨拶を書きます（「ますます」「益々」の後は適宜入れ替えても可です。）。

会社の場合	貴社	ますますご発展のこととお喜び（お慶び）申し上げます。
店舗や事業者の場合	貴店	ますますご隆盛のこととお喜び（お慶び）申し上げます。
親族や複数人の場合	皆様には	ますますご清祥のこととお喜び（お慶び）申し上げます。
個人の場合	貴殿（職）（貴台・貴下）	ますますご健勝のこととお喜び（お慶び）申し上げます。
少しくだけた場合	各位には	いよいよご清栄の由何よりに存じ上げます。

(3) 場合によって、この次に感謝の挨拶を書きます。

> 例：毎々格別のご厚情を賜り厚く御礼申し上げます。
> 　　日頃より何かとご高配に預かり感謝致しております。
> 　　日ごろからひとかたならぬご高配を賜り深謝申し上げます。
> 　　平素より一方ならぬご支援をくださり誠にありがとうございます。
> 　　いつも何かとお引き立てをいただき誠にありがとうございます。

● **文章の末尾の締め方**

(1) お詫びの場合

> 例：このたびは大変なご迷惑をおかけし誠に申し訳ございません。
> 　　何とぞ、事情をおくみとりのうえ（ご斟酌たまわり）、悪しからずご容赦（ご寛容／ご海容）の程お願い申し上げます。

(2) 通知文等の場合

> 例：ご査収の程お願い申し上げます。

(3) お礼の場合

> 例：本来であればお会いしてごあいさつに伺うべきところですが、略儀ながらまずは書中をもって御礼申し上げます。

(4) 一般的な末尾文

> 例：取りあえずお知らせ申し上げます。
> 　　取り急ぎご連絡まで申し上げます。
> 　　略儀ながら書中をもってご通知申し上げます。

(2) 敬称／一人称をどうするか

　連絡文書には、通常左上に宛先を記載します。宛先の後につける敬称は、どうすべきでしょうか。

　「殿」は、公的文書や事務文書などで用いられることがありますが、通常は目下に対して用いられますので、弁護士に対する連絡文書で用いるのは、適切ではありません。現に、登録したての弁護士が30年も先輩の弁護士に「○○殿」と書いた封書を送りつけ、その先輩弁護士が激怒したという例を聞いたことがあります。個人宛ての場合は「様」、法人宛ての場合は「御中」が一般的でしょう。弁護士宛ての場合は、「先生」を使うことが一般的のようです。なお、「社長」「部長」などの役職に重ねて「様」や「殿」を付けるのは、二重敬称となってしまい、誤った用法です。

　文書の中では、一人称を「当職」「当方」「当社」など、二人称を「貴職」「貴殿」「貴社」などと表現することが一般的なようです。ちなみに、「小職」「弊職」と記載すると、威圧的な印象が少し和らぐという人もいます。また、「殿」の文字を避けるために、「貴台」「貴下」なども適宜使い分けるとよいようです。

(3) 時候の挨拶を入れるか

　簡単な文書の場合には、文頭に「前略」「冠省」、文末に「草々」（早々ではありません）で済ませてしまうこともありますが、時候の挨拶を使いこなすと、文書が光ります。稀に、法的に意味のない記載を嫌う弁護士もいるようですが、相手方本人に送る場合などは、さりげない中にも丁寧な文書を心がけるという意味で、考え抜かれた時候の挨拶を使うのも一考だと思います。ある弁護士は、手紙の書き方の指南書を折に触れて読んでいると言っていました。ただし、落ち込んでいる依頼者や困窮している相手方に対し、「謹啓　時下ますますご清栄のことと……」などと書くと、逆効果になってしまいますので、気を付けるようにしたいものです。

時候の挨拶

1月／睦月	2月／如月
新春の候（松の内まで） 頌春の候（松の内まで） 大寒の候 厳寒の候 寒冷の候 厳寒のみぎり 寒気ことのほかきびしく	余寒の候（立春以降） 向春の候（立春以降） 残寒かえってきびしきおり（立春以降） 寒気冴えかえり 立春とは名ばかりで（立春以降）
3月／弥生	4月／卯月
早春の候 春分の季節 春浅きこのごろ 春寒しだいに緩むころ 孟春の候	陽春の候 春暖の候 仲春四月 春たけなわ のどかな春の
5月／皐月	6月／水無月
新緑の候 薫風の候 向暑の候 軽暑のみぎり 若葉の緑日増しに色まさり	初夏の候 薄暑の候 向夏の候 いよいよ梅雨入りとなり 渓流に若あゆがおどるころ
7月／文月	8月／葉月
盛夏の候 炎暑の候 大暑の候（7月中旬ころ） 猛暑のみぎり 涼風のほしいこのごろ	残暑の候（大暑／立秋以降） 晩夏のみぎり（立秋以降） 立秋とは名ばかりで（立秋以降） 土用明けの暑さひとしお（7月下旬以降） 夏休みもあとわずかとなり（8月下旬ころ）
9月／長月	10月／神無月
初秋の候（9月上旬ころ） 新秋の候 爽秋の候 秋意ほのかに動き ひと雨ごとに秋深まり	秋冷の候（寒いとき） 清秋の候 仲秋の候 寒露の候（寒いとき） 満山紅葉の候 菊花薫るこのごろ
11月／霜月	12月／師走
晩秋の候 落ち葉風に舞うこのごろ 向寒のみぎり こがらしが身にしむころ	寒冷の候 師走の候 霜寒の候 木枯らしの吹きすさぶこの頃 年の瀬もせまり

(4) 封筒に心配りをする

　文書を郵便で送る場合には、封筒に入れて送ることになりますが、封筒について留意する必要はないでしょうか。

　私は、封筒に入れた文書を書留郵便で複数回送ったものの、何度送っても相手に受け取りを拒否され、普通郵便で送っても封筒に入ったまま切手を貼って送り返してくるという相手方に遭遇したことがあります。そのときは、「郵便書簡」という封書の郵便物とハガキの中間のような形態の郵便商品を利用して文書を送りました。内容が郵便局員や同居人等に読まれてしまう可能性があるハガキの利用は、守秘義務違反と指弾されないためにも避けるべきです（季節の贈答に対するお礼状はハガキでしょうが、その場合には事件のことは記載しないようにする必要があります）。

　弁護士が郵便物を送る場合、封筒を利用することが圧倒的だと思います。ほとんどの弁護士は、事務所名・事務所住所・連絡先電話番号・弁護士名等が記載された業務用の封筒を印刷し、それを利用していると思います。しかし、当然のことながら、事務所の封筒を使えば、法律事務所からの郵便物だということが外部からわかってしまいます。法文書を送付する場面ですから、たとえ同居の家族や親族であったとしても、送付相手以外の第三者が見ることのないよう、「親展」と書き添えて送付すべきことが多いのは当然ですが、そもそも法律事務所から郵便物が届くということ自体、一般人からすれば異例のことかもしれません。そうであれば、送付文書を入れる封筒についても、十分に配慮をする必要があります。特に勤務先に文書を送付する場合や、親族どうしのトラブルの場合などでは、事務所の封筒での郵便物の送付は避けた方がよいでしょう。家庭裁判所が調停事件の相手方に郵送する調停期日呼出状の封筒は、「家庭裁判所」の記載をなくしていますが、そのような配慮は、当然弁護士もすべきです。

　このような配慮は、自己の依頼者についても同様であって、たとえば、まだ夫婦同居中の離婚事件の一方当事者である依頼者への送付については、封筒にも留意するべきです。他方、通常の封筒で送付する場合には、発送元の記載がないと不達時に返送されず、困ってしまうことがあります。送付元について、住所のみ記載するとか「弁護士」との肩書は付さず名前

のみにするなどの工夫が求められます。

2. 連絡方法を考える
(1) 郵便物について考える

　相手方に連絡する手段の中で、最も一般的なのは、郵便物の送付といってよいでしょう。

　電話番号やメールアドレスなどの連絡手段がわからない場合でも、戸籍謄本（戸籍記載事項証明書）、戸籍附票、住民票の取得事由があれば、住所を知ることができます。

　相手方本人の現時点の住所がわからなくても、過去の住所がわかっていれば、まず過去の住民票を取り寄せ、そこから追いかけることができます。わかっている過去の住所が相当古い場合には、本籍の記載のある過去の住民票を取り寄せます。本籍地に存在する戸籍には、その者の住所の変遷が記録された戸籍の附票がありますので、本籍地の役場に戸籍の附票の交付請求をして、現在の住民票上の住所を調べることができます。

ア．職務上請求の留意点

　本人以外の者が戸籍、その附票、住民票を取得することができるのは、戸籍法10条1項、同10条の2第1項、住民基本台帳法12条の3第1項に規定された場合に限られます。経験の浅い弁護士の中には、職務上請求用紙を利用すれば、どのような場合でも戸籍や住民票などを取得できるなどと考えている人もいるようですが、戸籍や住民票を法令上の根拠なく取得すれば、懲戒の対象にもなりかねません。職務上請求用紙を利用する際は十分な注意が必要です。職務上請求用紙の記載方法については、綴りの冒頭に見本がありますから、これを参照して誤りのない記載をするようにしてください。

　また、戸籍記載事項証明書や住民票を取得した後も、弁護士の職務を遂行する上で関係のない情報をそのまま依頼者に伝えるなどして、懲戒になった事例もあります。依頼者本人に戸籍や住民票に関する情報を伝える際にも、十分な注意が必要です。

イ．郵便の種類

　文書の内容が決まっても、それをどのようにして出すかが決まらなければ、文書を出すことにはなりません。事務局や秘書がいる場合でも、「これを出しておいて」とだけ指示しても、言われた方はどのように送ればよいかわかりません。

(a) 普通郵便

　最も安価で郵便物を送付する手段は、普通郵便です。郵便局で集配した日時に消印が押され、郵便物は送付先の郵便受けに投函されます。また、宛所の住所地の居住者と送付先の記載が異なっていたり、宛所不明の場合には、郵便物は送付元に返送されます。

　しかし、普通郵便だと、送付先住所に郵便物が投函されたとしても、実際に送付先の本人が受領したり読んだりしたかどうかは証明できません。また、手元に郵便物の現物が残らないので、どのような内容を記載して郵便物を送付したのかも証明できません。現物のコピーを保管しておくことは考えられますが、そのコピーが郵便物の現物と同一内容であるという点について、さらに証明が必要になる場合があり得ます。このようにみると、何事も証拠を残すことに気を配るべき弁護士にとって、普通郵便は敬遠されることが多いかもしれません。

　しかし、他方で、相手が受ける印象としては、普通郵便は特定記録や簡易書留などに比べて柔らかいものになります。和解交渉が進んだ相手方などで、特に書面の到達について争ってくる可能性がないような場合には、普通郵便で柔らかい印象を与えることを検討してみてもよいと思います。

(b) レターパック／レターパックライト

　近時よく利用されるのは、赤いデザインのレターパックと青いデザインのレターパックライトです。厚さと重量の制限がありますが、かなり安価です。いずれもインターネット上の追跡サービスで郵便物の配達状況を確認できます。レターパックライトは、配達先の郵便受けに投函され、投函

された日時が郵便配達員によって記録されるのみですが、レターパックは受取人に対面配達がなされます。したがって、相手方が郵便物を受領したことまで証明したい場合にはレターパックを、あえて郵便物の受領を争うような相手ではない場合にはレターパックライトを用いるのがよいでしょう。

　私は、相手方本人に初めて文書を送る場合など送付先の反応が予測できない場合にはレターパックを、裁判所や相手方弁護士など郵便物の受領を争ってくる可能性が低い相手の場合にはレターパックライトを、といった使い分けをしています。

(c) 特定記録

　郵便局が郵便物を引き受けた受領証が発行されるので、差し出した記録が残ります。また、インターネット上の追跡サービスが利用可能ですが、レターパックライトと同様、郵便物は配達先の郵便受けに投函されます。したがって、受領したことまで争うような相手でない場合、郵便受けに入れば通常は受け取ったことを争ってくることは少ないでしょうから、その程度の証明でよいと判断される場合に利用されることが多いでしょう。ただ、重量によっては、レターパックライトよりも料金が高くなることがあるようです。

(d) 書留（簡易書留／一般書留／現金書留）

　レターパックよりもさらに厳格に郵便物を引き受けた受領証の発行、配達を記録します。追跡サービスも利用可能です。万が一、郵便物が壊れたり、届かなかった場合には、簡易書留の場合は５万円までの実損額が、一般書留の場合は実損額がそれぞれ賠償されます。現金を送付する場合は、専用封筒を用いて、現金書留を利用します。

　登記識別情報（登記済証）、重要な契約書の原本、株券などの有価証券その他の重要な書類を送付する場合は、レターパックではなく、書留郵便を利用するのが一般です。

(e) 配達証明

　一般書留にした郵便物について、さらに、配達した事実を証明する書面が交付されるものです。配達先に郵便物が配達されると、「郵便物等配達証明書」というはがき大のサイズの証明書が送られてきます。追跡サービスが広まっている今日では、インターネットの追跡サービス上で配達されたことが記録されていれば、当該画面を印刷したものを示すことで配達されたことの立証としては十分とも考えられますが、配達されたことを確実に証明する必要があるときには、配達証明を用いる場面もあるでしょう。なお、実際の受取人が郵便物の名宛人であることまで証明されるものではありませんので、注意が必要です。

　配達証明書には、配達された時間帯が6時間刻みで消印の形で押印されますが、この押印は、郵便配達員が郵便局に戻ってきた後になされます。したがって、実際に配達されたのが11時30分でも、郵便局に戻ってきたのが正午を過ぎていると、押印は、12時から18時の消印になります。

(f) 内容証明

　一般書留にした郵便物について、さらに、同じ内容の文書を3通用意し、送付元と郵便局に謄本を残し、送付した原本との同一性を証明し、送達先に送付した郵便物の内容を郵便局が証明するものです。用紙1枚に書ける字数（20字）、行数（26行）が決まっており、枚数が増えるほど料金が加算されます。記載する内容が多い場合には、用紙1枚に書ける字数が多い電子内容証明を利用した方が割安です。送付元、郵便局に残す謄本には、郵便物の差出人及び受取人の住所氏名を書く必要があるほか、使用できる文字の種類、加除訂正方法などにも制限があります。

　法的効果の生じる文書を送付する場合など、送付した文書の内容を証明する必要がある場合には、内容証明郵便を用います。この場合、配達されたことも証明する必要がある場合が多いでしょうから、配達証明も付けることになります。相手方本人に重要な意思表示を到達させる場合には、配達証明付内容証明郵便を利用することが一般的です。ただ、依頼者の負担を考えると、内容を簡潔にして字数を減らすなど、あまり割高な料金にな

らないよう配慮したいところです。

　また、内容証明郵便を専門的知識を持たない相手方本人に送る場合には、その人が受ける印象にも配意する必要があります。弁護士から内容証明郵便が送られてくれば、相手方本人はどうしても身構えてしまいます。交渉の開始にインパクトを与えることにもなりますが、交渉が難しくなることもあります。内容証明郵便の持つ意味を十分に理解し、適切な選択をするよう心がけることが大切です。

　相手方に代理人弁護士が就いている場合に内容証明郵便を送付するかは、意見が分かれるようです。法的効果が生じるような重要な文書の場合は、たとえ送付先が弁護士であっても内容証明郵便で送るというのも一つの意見ですが、送付を受けた弁護士からすれば、文書が送られてきたこと自体を争うような弁護士だと思われたと受け取ることもあるようです。弁護士にはなるべく書類受領書を同送するようにし、内容証明郵便は送らないようにしているという弁護士もいるようです。

(2) 電話について考える

　連絡手段として、郵便の次に利用されるのは電話でしょう。相手と直接話をすると、うまくいけば、相手が何を考えているのか、相手が自分の主張にどの程度自信を持っているのか、逆に弱点についてどう考えているのかなどをうかがい知ることもできます。また、当然ですが、弁護士から突然電話がかかってきたら、通常相手方本人は相当に戸惑うものと思います。

　他方、すでに信頼関係が築かれている依頼者との間の電話であれば、問題になることは少ないでしょうが、電話は、通常は記録が残らないため、後日言った言わないの論争になりがちです。依頼者との間であっても、記録にとどめておくべきことは、郵便やメールを利用するように努めるとよいと思います。相手方と話す場合でも、代理人弁護士どうしであれば、紛争の着地点について胸襟を開いて意見を述べ合うこともでき、思いのほか早期に解決に至ることもあります。ただ、やはり対面ではない以上、言葉に誤解が生じたり、相手を不必要に感情的にさせたりすることも避けられません。特に会ったことのない相手と話をする場合は、電話で話をする中

で、思わぬところで逆鱗に触れるというようなこともあります。電話の場合は、対面のとき以上に、一言ひとことに留意する必要があります。
　電話は、何年たっても、一番難しい意思伝達方法だという弁護士がいますが、対話相手の顔が見えず、かつ、言葉の一つひとつを選択する時間的余裕がないことからすれば、そのとおりだと思います。

⊕ Intermezzo

異論・反論付

「公用文作成の要領」を採用するか

　官公庁で作成する文書については、統一性の観点などから、通常の日本語の書き方や国語におけるルールよりも詳細な慣行があります。横書きの読点には「、」ではなく、「，」を用いるとか、「第1、第2…」「1、2…」「（1）、（2）…」「ア、イ…」と小見出しを付けていく、などが典型的な慣行ですが、それ以外にも、漢字の用い方や送り仮名の付け方などについて、実に細かいことまでルール化されています。読点については、パソコンのフォント設定などでも変更することができます。

　それでは、弁護士が文書を作成する場合、この「公用文の書き方」に準拠すべきなのでしょうか。

白森弁護士

　なぜ官公庁が作ったルールなどに従わなければならないのかがわからない。弁護士が作成する文書は、その弁護士のすべてが詰まった遺伝子のようなものである。そのような文書を公用文に合わせて作成するなど、弁護士が裁判所や検察庁をはじめとする国家の機関におもねる姿勢を示すようなものであって、「公用文の書き方」などを参考にする必要など全くないのではないか。もちろん、文法を無視してよいわけでないことは承知しているが。

赤林弁護士

　文書の形式的な面を公用文と合わせることが、国家機関へ追従する姿勢を示すというのは、あまりに大げさではないだろうか。裁判所や検察庁では、公用文の作成要領に合わせた文書を作成しており、弁護士の作成した文書を読む相手の代表格が裁判官と検察官であれば、そのような読み手に合わせて書いた方が、伝えたいことがより伝わりやすい。そう考えて、私は、「公用文の書き方」に合わせるようにしている。
　なお、「又は－若しくは」「及び－並びに」の違いを正確に理解していると、裁判所提出書面ばかりでなく、依頼者に提案する契約書案の内容等もより精緻になることは実感している。私は、「公用文の書き方」を習熟することは、実務の精度がより上がることに直結していると考えている。

緑木弁護士

　ケース・バイ・ケースではないだろうか。赤林弁護士の言うこともわからないではなく、時間があれば「公用文の書き方」を完璧にマスターすることを目指すべきであると思うが、実務のスキルを磨くこの時期に、「公用文の書き方」にこだわって、時間をかけて調べるようなことをするのは、とても耐えられない。新人の頃、弁護士自身が起案した文章ではないという雰囲気を出すために、裁判所に証拠で出す本人の陳述書だけ変換して「，」を使うという弁護士と会ったことがあるが、私としてはそこまでこだわることではないように思う。

(3) ＦＡＸについて考える

ア．ＦＡＸを選択する場合

　裁判手続においてＦＡＸの利用が解禁されて以降、任意交渉の場面でも、郵便物の送付に代えてＦＡＸを利用する弁護士が多くなりました。メールの普及により利用される場面は減っているでしょうが、まだまだＦＡＸに慣れていて、多用する弁護士は少なくありません。

　前述した郵便物が持つ効用と比べると、ＦＡＸの機能には限界がありますが、手軽かつ極めて短時間に送信できるメリットも捨て難いものがあります。送信結果が残る形で記録しておけば送信したことを証明することもできるので多用しているという意見もありますが、送信先の機器が故障していたり、用紙やインクの補給が十分でなかったりすることも考えられ、送信結果を残しただけでは文書の到達は証明できないことに注意すべきです。

　特に法律事務所などの事業所ではなく、電話番号とＦＡＸ番号が同じ相手など、受信機器の機能が十分でないと思われる先にＦＡＸ送信をするのは、相手にとっても迷惑ですし、適切ではありません。ＦＡＸ受信に問題のない先に送信する場合でも、重要な文書をＦＡＸで送信する際は、送付状を付け、ＦＡＸ文書の受領書の返送を求めるようにすべきです。

　なお、ＦＡＸ送信する場合には、文字がつぶれたり、原本がカラーの文書の内容が全くわからなかったりなど、ＦＡＸ特有の問題が生じることを意識する必要があります。黒の部分が多くなる白抜き文字や白と黒の中間的な色合いの文字、ラインマーカーなどは、禁物です。

　いずれにしても、どのような通信手段を用いるかは、受け取る相手の立場を想像する力をよく働かせることが大切です。

イ．ＦＡＸが誤送信されてきたら

　ＦＡＸが弁護士から誤送信されてきた場合、どのような対応をするのが一般的でしょうか。無視するという弁護士も多いようですが、アメリカのＡＢＡの法律家職務模範規則（Model Rules of Professional Conduct）では、誤送信されたことを送信元に連絡すべきものとされているそうです

(4.44条(b)。ロナルド・D・ロタンダ＝当山尚幸外訳『事例解説　アメリカの法曹倫理［第4版］』(彩流社・2015年) 77頁)。同じことは、メールの誤送信についても当てはまります。

(4) メールについて考える

ア．郵便物とメールの違い

　いつでもどこでも迅速に連絡が取れることから、メールによる通信手段を活用することが多くなりました。料金も安価で、簡単に連絡することができる点ではメリットも多いメールですが、後述するデメリットにも配慮する必要があります。また、前述したとおり (33頁)、名刺交換もせずメールアドレスを聞いたこともないのに、たまたまアドレスがわかったからといってメールなどすべきではありませんが、仮に名刺にメールアドレスの記載があっても、最初の連絡がメールで来ることに抵抗があるという弁護士もいるようです。メールの使用自体に抵抗がある弁護士も極めて少数ながらまだいると思いますので、メールを送信する際は、相手方弁護士のスタンスにも配慮するとよいでしょう。

イ．メールの持つデメリット

(a) 連絡が到達したことを担保できない

　郵便物の場合には、追加料金を支払えば、引受け (郵便局での受付) の記録とともに、インターネットの追跡サービスを利用することができますし、配達記録を利用すれば相手側が受け取ったことを証明することができ、また、本人限定受取を指定することもできます。意思表示の到達と法的効果とを結び付けるのを原則とする現在の法制度のもとでは、意思表示の到達があったことを送付元が証明しなければならない場面は多く、郵便局が容易に通知の到達を証明してくれる郵便には、大きなメリットがあるといえます。

　これに対し、メールの場合には、相手先がメールの受信を認めてくれれば、意思表示の到達の問題は生じないことになりますが、メールアドレスの誤り、サーバーのトラブル、送付先がメール着信拒否設定をしていると

いった原因により、メールがそもそも届かない可能性も否定できません。また、メール着信不能を防ぐため、配信確認の自動返信が来る設定を利用することも考えられますが、配信確認では、メールを誰かが開封したことは証明可能でも、メールソフトを起動してメールを開封したのが誰かということまでの証明にはなりません。

(b) メールの文面

　手軽に送信できるメールは、手軽であるからこそ、ついつい文面が雑なものになりがちです。文書の場合には、パソコン上で文書を打刻し、何度も手直しをしたり読み返したりするのに、メールだと確認をしなくなったり、すぐに送信ボタンをクリックしてしまうといった傾向が強いようです。わかりやすい文面を工夫すべきなのは、文書であろうとメールであろうと同じです。送信する前に必ず読み返す癖をつけ、誤字脱字はないか、おかしな記載はないか、相手のことを配慮した文面になっているかをよく確認しましょう。

(c) メールアドレスや送信先の誤り

　よくありがちなのは、本来送信すべきでない先に送信してしまうミスです。メーリングリストに顧客の個人情報が入ったメールを送ってしまったり、相手方に対して依頼者との打合せ内容を送ってしまったりと、メールの失敗は、挙げ出せばキリがありません。メールアドレスや同じメールを複数の方に出す場合に、コピー、ペーストのミスや、返信ボタンや転送ボタンを利用したことで、メールの後半の方に送るべきでない内容が引用の形で残ったまま送信してしまうという経験もあるのではないでしょうか。
　いずれのミスも、慎重なチェックを励行することしか防ぐ手立てはありませんが、守秘義務を負う弁護士としては、特に注意が必要でしょう。

(d) 添付ファイルのミス

　メールの仕組み自体が持つデメリットではありませんが、添付ファイルをめぐるトラブルはよく耳にします。画像ファイルそのもの、それらを貼

り付けた文書ファイルやスライドファイルなどを送ろうとした結果、容量が大きくなってしまい、相手先のサーバーにトラブルを発生させて迷惑をかけたり、ファイルの修正履歴を付けたままで依頼者にメールを送ってしまい修正前の内容がわかってしまうなどはよく耳にしますが、あってはならないミスです。特に見落としがちなのは、ファイルのプロパティの記録です。以前作成したファイルの上書きで新たなファイルを作成したときに、元のファイルのプロパティに元の事件の個人データが残っていたなどということも聞いたことがあります。守秘義務を負う弁護士としては、これらにも配意しなければなりません。

　また、安全のため、添付ファイルを圧縮ファイルにしてパスワードをかけるということもよく行われていますが、添付ファイルの誤送信のミスを防止するのがパスワードをかける目的である以上、同じメールでパスワードを送ってしまっては全く意味がありません。この点も留意するべきです。

(e) メーリングリストの設定

　相手方への連絡手段というテーマとは若干離れますが、弁護団や委員会などでメーリングリストを利用することも多いのではないかと思います。メーリングリストの設定をする際に、特に設定の変更をしないと外部から見られる設定になってしまうメーリングリストがあるようです。そのようなメーリングリストを利用していたことで、外部に漏れてはいけない情報が流出してしまったという事例も過去にあったようですので、十分に注意したいものです。

(5) SNS（ソーシャル・ネットワーク・サービス）について考える

　最近は、会ったこともなく、名刺交換もしておらず、メールアドレスもわからない相手でも、名前さえわかれば、SNSで検索して連絡を取ることができるようになりました。弁護士でも、たとえば営業ツールの一環として、SNSを多用している人が確実に増えてきています。

　SNSが急速に普及している中、近い将来には、見ず知らずの人物からSNSを介して連絡が来ることにほとんどの人が抵抗を感じないという社

会が到来するかもしれませんが、少なくともこの書籍が刊行された時点において、ほとんどの人が抵抗がないとはいえないと思います。投稿内容や写真などで担保されるとはいえ、氏名とそのような内容だけでは、ＳＮＳの相手が連絡を取ろうとしている本人であることの証明として、不十分といわざるを得ないでしょう。相手方が取り立てて希望しない限り、ＳＮＳによる連絡は、あまり推奨できないように思います。また、ＳＮＳによる情報発信は、メリットも多い反面、常に全世界の市民の目に自身の生活がさらされるリスクがあることにも配意すべきです。

　今後時代はどんどん変わっていくと思いますが、私としては、守秘義務を負う弁護士が、相手先に対して連絡を取る手段としてＳＮＳを活用するのは、まだまだリスクが大きいように思います。

現場力のEssence

■ 文書を作成、送付する際は、題名や封筒などにも配慮する

■ 「又は―若しくは」「及び―並びに」や時候の挨拶などがきちんと使い分けられた文章は光る

■ 郵便、電話、ＦＡＸ、メールなど、通信手段それぞれの特徴を十分に把握する

■ 郵便の種類をしっかりと把握し、送付に際しては適切な選択をする

■ 名刺交換もしていないのにメールが送信されてくることに不快感を示す弁護士がいる

■ メールの送信時には誤りがないか十分にチェックする。特に添付ファイルのミスや返信、転送の引用部分にも心を配る

⊕ Intermezzo
相手方弁護士の情報収集をするか

異論・反論付

　裁判になった場面では、相手方弁護士の訴訟に臨むスタンスや事件処理の手法を含めてどんな弁護士なのかが気になることがありますが、任意交渉において電話で交渉をする際にも、相手がどんな弁護士なのかについての情報収集をしたいと思うことがしばしばあるのではないでしょうか。期前の弁護士や元裁判官、元検察官、学者出身の弁護士の情報は、登録番号だけでは把握しきれない面があります。日弁連の会員ページでは、会員情報として、登録番号だけでなく修習期などを確認することが可能ですが、それ以外の情報については、どこまで入手するものでしょうか。

白森弁護士

　「弁護士大観」（法律新聞社刊）は必須アイテムである。訴訟記録の一番初めのページには、常に相手方弁護士の顔写真、経歴、得意分野が記載された「弁護士大観」の該当ページのコピーを綴じておくことにしている。ただ、事件は、事実と法的主張の巧拙で勝敗が決まり、弁護士の性格や品性で決まるものではないと考えているので、特にそれ以上に情報収集はしない。

赤林弁護士

　事件は事実と法的主張の巧拙で勝敗が決まるものだというのは白森弁護士の言うとおりだと思う。したがって、私も、「弁護士大観」を見る程度でそれ以上の情報収集はしない。ただ、そうはいっても、相手方弁護士が、最低限のコミュニケーションを取れるタイプかどうかは、交渉を進めたり訴訟を進行する上では非常に気になる。そこで、私は、必要性を感じるときは、相手方弁護士が所属している弁護士会の同期の弁護士に電話をかけて、どのような人柄なのかをこっそり聞くようにしている。また、場合によっては、弁護士会の委員

> 会や所属会派を知人の弁護士に聞き、そこに所属している知り合いの弁護士を探し出して、相手方弁護士がどのような人物評価を受けているかを聞くようにもしている。収集する情報は、ネガティブ情報が中心となるが、好戦的だとか、唯我独尊だとかの情報が入ると、当然に緊張感を持ってその弁護士に対峙することになる。

緑木弁護士

> 　インターネットがこれだけ普及している中、情報をいかに集めることができるかが勝敗のカギを握るのは、訴訟や法的紛争の世界でも同様である。自分はさまざまな手段を使って相手方弁護士の属性を調べる。白森弁護士は「弁護士大観」を利用しているようだが、特に若手の弁護士などで、掲載をしていない人もかなりいるし、活字媒体の情報も限定されている。さらに、その記事内容も掲載希望者自らが指定したものとなっていて、客観性が担保されていないともいわれている。
> 　私は、過去に事件の相手方になったり、弁護士会の委員会で一緒に仕事をしたりしてその人物をよく知っている弁護士からの情報が最も確度が高いと思っている。そこで、相手方弁護士と同期の弁護士を探して忌憚のない意見を求め、さらには、事務所内や法科大学院の仲間の弁護士に知り合いがいないかも尋ねてアプローチしている。
> 　さらに、相手方弁護士が若手であれば、ＳＮＳのアカウントでどんなことを発信しているのかも必ず調べている。おかしな考え方を持っていたり、偏ったことを言っていたりしたら、相当に注意をして対応する。

相手方と直接会って交渉をする

Prologue

　当初強硬な姿勢で臨んでほしいと述べていた依頼者X氏も、Q弁護士から裁判に要する費用と時間の説明をすると、現実的な解決としては、任意交渉で退去してもらった方が早いし、費用もかからないということを理解してくれた。そこで、賃料不払いの事実を記載した上で、契約違反・債務不履行なので、近日中に賃貸アパートから退去してほしい旨を記載した書面を作成し、まずは穏便にと考えて簡易書留で送付したところ、Y氏からは、賃料不払いの謝罪と近日中に退去するという内容の返信が届いた。

　しかし、その手紙をもらってから1か月以上が経過したが、Y氏からは何の連絡もない。また、X氏の話では、居室の様子に変化はなく、退去する様子も見られないという。X氏からは、早期に出て行ってほしいのでまずは本人と直接会って話をしてほしいといわれている。Q弁護士も直接Y氏に会って状況を確認するしかないと思うが、どのようにして会うべきだろうか。

1. 相手方と直接会うか

(1) 会うべきでないケースとは

　前述（31頁）したように、職務基本規程52条は「弁護士は、相手方に法令上の資格を有する代理人が選任されたときは、正当な理由なく、その代理人の承諾を得ないで直接相手方と交渉してはならない」と定めていますから、相手方に代理人の弁護士や代理権限のある司法書士等が就いている場合、相手方本人との直接交渉はできません。また、家事事件の相手方本人など、直接会うことで相手方が萎縮をしたり、スムーズな交渉の妨

59

げになるような場合も、会うべきではないでしょう。

(2) 会うと効果的なケースとは

　弁護士が直接相手方本人に会いに行くことには、良きにつけ悪しきにつけ、さまざまな影響が生じ得ます。依頼者は直接交渉に臨むことを好意的に評価するかもしれませんが、それが真に依頼者の利益になるかは、慎重な検討を要します。私の経験上直接会うのが効果的なのは、次の場面ではないかと考えられます。

ア．既に明確に契約や合意が成立し、あるいは判決が出ているのに、そのとおりの対応が実行されない場合

　相手方本人が約束や判決内容を履行しない理由を直接確認する必要がある場合です。踏ん切りがつかないのか、手元不如意なのか、直接会って確かめることで、目的達成の道筋をつけることにつながります。

イ．相手方の所在が不明の場合

　最終的に訴訟提起する可能性も踏まえると、付郵便送達や公示送達の別を判断する必要がありますので、郵便物を送ったのに届かないとか、連絡が取れないという場合には、直接会いに行く必要がある場合が多いと思われます。

ウ．相手方に代理人が就いてほしい場合

　当事者間あるいは相手方本人との任意交渉では、法的な論点や見解の相違、主張の開きが大きく、解決が難しい場合に、代理人が自ら会いに行って交渉に乗り出すと、相手方も本気になって代理人が就くという場合があります。ただ、この場合は、相手方にとって過度の圧力にならないよう留意する必要があります。

　そのほかには、どんな人間でも直接会った相手には怒鳴ったり、凄んだりすることに慎重になるという意見、姿が見えない電話で怒鳴り散らした人でも直接会うと穏やかな交渉をすることができたという意見もあり、危

害が加えられる危険が強いと思われる場合を除いては、なるべく会うようにしているという弁護士もいるようです。

2. 相手方に直接会うときに何に注意するか
(1) 誰と会いに行くか
　相手方に会いに行く場合、1人で行くか複数で行くかは、意見が分かれるところです。複数の弁護士が対応している場合や言った言わないの争いになりそうな場合には、たとえば事務職員、依頼者本人、不動産関係の事件であれば関係している不動産業者などと一緒に行くのも一考ですが、複数で行くと相手方に無用の不安感を与えたり、逆にこちらのスキや弱腰姿勢を見せることになるから、よほどのことがない限り1人で行くという弁護士もいるようです。しかし、相手方が反社会的勢力の場合などは、危険回避のために警察に一報を入れておいたり、警備員などに同行してもらうことも検討すべきです。

(2) どこに会いに行くか／会いに行く時間は
　どこに会いに行くか、会いに行く時間はいつかは、いずれもケース・バイ・ケースでしょうが、会う場所については、相手方本人が嫌がる場所ほど会えるチャンスが減ってきますから、会いに行く場所と時間は、慎重に検討すべきです。事前にアポイントを取ることができる場合は、相手方本人の希望を優先させることになります。
　一般論としては、密室となる場所はなるべく避ける、自宅に来いという要望にはできれば応じないなどの注意点が考えられます。粗暴な言動が見られる相手方や不穏な動きがある相手方については、人の眼があるファミリーレストランやホテルのロビーなどを利用するのが原則です。どうしても相手方本人の自宅に行かざるを得ない場合、アポイントなしで自宅に会いに行く場合は、相手方本人以外の家族等に事件の詳細がわからないよう、相手方本人のみが所在する時間を探ったり、平日朝の出立時間や夜の帰宅時間を狙うなど、在宅の時間帯に合わせることになると思われます。なお、就業場所への訪問も選択肢の一つではありますが、従業員数の少ない企業

などでは弁護士訪問の事実がすぐに広まってしまい、交渉が事実上できなくなることなども考えられます。就業場所への訪問は、あまり深追いしないのが賢明です。

(3) 本人確認をする

　私は、建物明渡請求訴訟を提起し、欠席判決が下された後、強制執行しようと現地に行って賃借人本人の夫と初めて面会したところ、その妻が賃料をすべて費消したために賃料を延滞し、訴状も判決書もすべて妻が受け取って隠匿し、夫には何も知らせていなかったという事件を経験しました。その際も、直接面会に行ったものの、初めは妻だけが出てきて、しばらくの間夫に会わせてはくれず、夫に会えるまで帰ることはできないと言ってあきらめずに待っていて、ようやく夫本人と会うことができ、前述の事情が発覚しました。

　特に自宅への訪問では、契約当事者や訴訟係属後の訴訟当事者の家族や親族が、本人の不在や病気などを理由に、窓口は自分だと主張することも少なくありません。しかし、それを鵜呑みにすると、あとで想定外のことが起きかねません。直接面会に行った際には、必ず本人の所在を確認するとともに、相手方本人以外の者との接触はできるだけ避け、やむを得ない場合でも、必ず相手方本人の連絡先を入手し、後日面会の事実が伝わっているかを確認するようにするべきです。

(4) 会ったときに確認すべきこと

　直接会いに行かなければならなくなる場合の多くは、相手方本人となかなか連絡がとれない場合ではないでしょうか。そのような場合、何よりもまず確認しておくべきは、その後の連絡手段です。連絡手段は複数確保しておいた方がよいですから、相手方本人の携帯電話の番号、自宅の電話番号、携帯電話や職場のメールアドレスなど、多くの情報をさりげなく聞き出します。メールアドレスを聞く際、当該アドレス宛てのメール送信の是非、送信してよい時間帯なども尋ねておくようにしましょう。

　相手方から任意の義務の履行がない場合の訪問では、当然、任意の履行

がなされない理由を聞き出します。手元不如意等が理由の場合は、生活状況、収入の状況、就業の状況なども聞き出す必要があります。また、将来の訴訟、強制執行を見越して、取引銀行や就業先も確認できるとなおよいでしょう。

(5) 会った後のフォローをする

直接面会ができた場合、依頼者への報告はもちろんですが、相手方本人へのその後のフォローも重要です。一度会うことができるとそれで安心してしまいがちですが、引き続き任意の義務の履行を求めたり、何かの対応を依頼することが見込まれる場合には、定期的に連絡を取り、目的達成まで気を抜かないことが大切です。

現場力のEssence

■ 弁護士が直接会いに行くことの功罪を十分に理解する

■ 会えただけで満足しないで、会ったときに必要なことをきちんと確認する

■ 会ったときに必要なことを確認できるよう、事前の準備を怠らない

■ 会う日時と場所については、相手方の立場や地位に十分に配慮する

■ 相手方本人ではない別の人物との対応は、原則として避ける

Scene iv 交渉決裂後の解決手段を選択する

Prologue

　X氏から依頼された建物明渡事件で、相手方のY本人に直接会いに行ったものの、引越費用もなければ引越先のあてもなく、Y氏はもはや自暴自棄になっている様子で、訴訟でも何でもしてほしいなどと言う始末であった。Y氏は、預貯金はないと言っていたが、面会した際に新たな勤務先を聞き出すことができたので、最終的には給与債権の差押えが不可能ではない。こうなれば、任意交渉を続けていても未払賃料が溜まるばかりなので、早々に訴訟を提起するしかないだろう。

 現場力

1．任意交渉の継続か裁判所（等）での手続か

　依頼者から相談を受けた案件について、初動としてどういう対応を採るかは、非常に難しい問題です。一般的な民事事件の場合、よほど相手方の任意の履行や対応等が期待できない場合でなければ、まずは任意交渉から始めるということが多いでしょうが、[**Prologue**]の事案のように、任意交渉を継続することで、傷口が広がってしまう場合も少なくありません。

(1) こんなときは任意交渉を続ける

　私の経験では、次のような場面では、任意交渉に期待することが多いように思います。

ア．法的な結論がはっきりしており、かつ相手方もそのことを認めていて、任意の履行が不可能ではない場合に、履行を確実にさせたい場合

　法的な結論がはっきりしているのであれば、あとは履行方法を交渉するだけです。裁判所を利用した法的な手段に出れば、逆に相手方を不用意に刺激しかねず、任意の履行が期待できなくなってしまうこともあります。このような場合は、相手方の可能な範囲での分割払いの和解に応じ、任意の履行を確実にさせることが賢明でしょう。

イ．裁判例などでは必ずしも依頼者に有利な結論が出ていないような場合

　以前の裁判例について学説上強い批判があったり、依頼者にとって有利な裁判例が全く見当たらない場合など、法律上あるいは裁判例上確実に依頼者に有利な結論が出るとは言い切れない場合には、不用意に裁判所での解決を求めると、予想外の不利な結論が確定してしまうリスクがありますので、裁判所での手続については慎重な判断が求められます。特に同じような事件を複数回受任するような場合には、一つの事件の結論が他の事件にも悪影響を及ぼしかねませんので、注意が必要です。

(2) こんなときはすぐに裁判所での手続に踏み切る

　裁判所での手続を選択すべき場合としては、次のような場面が考えられます（消滅時効の完成が間近い場合は、時効の中断のために調停や訴訟を選択すべき場合が多いでしょうが、ここでは省きます）。

ア．当事者間に事実関係の争いがあり、歩み寄りの余地がない場合

　当事者間あるいは相手方本人との任意交渉では法的な論点や見解の相違、主張の開きが大きく、解決が難しい場合などは、すぐに調停や訴訟をしてその場での解決を図る方が、最終的な解決までの時間が短くなる傾向が大きいといえます。歩み寄りの余地がない事件について、弁護士が自ら会いに行って交渉に乗り出すと逆に話がこじれてしまいますし、不当な圧力といわれるリスクもありますが、訴訟の提起や調停の申立てであればその心配もありません。早めに裁判所での手続を選択し、場合によっては、

相手方に代理人が就くことを促す効果も期待できます。

イ．相手方との連絡が十分取れず、任意の履行も期待できないため、裁判所からの呼出しを事件解決の糸口とすべき場合

　裁判所からの呼出しがきっかけになって連絡が取れるようになり、任意で解決ができ、訴訟を取り下げるというようなこともあります。また、裁判所の呼出しに応じて期日に出頭してくれば、その場で和解交渉をすることもできます。

ウ．法的な結論がはっきりしており、相手方もそのことを認めてはいるが、手元不如意などで任意の履行が不可能だと思われる場合

　強制執行により債権回収をすることは難しくても、傷口を最小限にするためには、早期に訴訟を提起し、債務名義を得るようにしておくことがあります。企業や個人事業主が依頼者の場合などは、税務処理として不良債権を損金処理するために債務名義を取っておくという場合もあるようです。

2．調停か訴訟かを選択する

　裁判所での手続を選択する場合であっても、訴訟を提起するか、調停を申し立てるかの選択に悩むことがあり得ます。民事紛争について、とかく訴訟の提起しか念頭に置かない弁護士もいるようですが、民事調停も有力な選択肢といえます。前述したように、裁判例などでは必ずしも依頼者に有利な結論が出ていないような場合であっても、民事調停であれば、不利な判決が出るリスクを回避しつつ、裁判所による関与を得て、円満に紛争を解決できる可能性が出てきます。また、相隣関係に関する紛争など、訴訟になると解決が遠ざかってしまいかねない事件もあります。

　訴訟ばかりでなく、簡易裁判所の民事調停を上手に使い、費用の低減と穏便な解決を図ることにも配意できるとよいでしょう。

3. 行政事件はどう選択するか

　行政機関が相手の事件で、法的な見解の相違や処分の全面的な取消しを求めるような場合、特に税務訴訟や入管事件では、行政不服審査や行政訴訟などの法定された手続を履践しなければならないのが一般的です。

　しかし、福祉関係や補助金などの平等原則が問題になる場合など、行政庁の裁量の幅が大きい分野については、行政機関が相手でも任意交渉の余地はあります。行政指導に対する対応や複数の行政庁が関わっている場合など、他の行政庁における対応や他の行政処分との均衡を図る必要があるときには、他の事例を丁寧に説明するなどして、任意交渉で解決が図れた実例もあります。特に地方自治体相手の事件では、他の自治体の対応を重視する傾向がありますから、自治体によって対応が異なる場合などでは任意交渉も有効な手段といえます。

4. 選択した手続を依頼者に説明する

　職務基本規程22条や29条にあるように、弁護士は、依頼者と十分なコミュニケーションを図りながら事件処理の方針を決め、これを丁寧に説明する必要があります。一般に、依頼者は相手方に対して感情的になっていることが多く、強硬な手段を採るように要求しがちですが、弁護士は、それに流されてはいけません。自分の知識と経験に基づいて、依頼者にとっての最適解を見つけ、そこに導いていく必要があります。弁護士は、依頼者の繰り人形になってはならないのであり、職務基本規程20条も、事件受任と処理にあたって自由かつ独立の立場を保持しなければならないものと規定しています。また、依頼者の最大関心事の一つは弁護士の費用ですから、職務基本規程29条に基づき、判決取得、強制執行に至った場合の弁護士費用についても、丁寧に説明することが求められます。また、訴訟を提起するかどうかを検討するときには、貼用印紙額が高額になることもありますから、この点も十二分に説明するべきでしょう。

　さらに、依頼者の目的がどこにあるのかを見定める必要もあります。特に、親族がからむ事件では、依頼者の真の目的は、金銭的な請求や法的請求ではないということが後になって判明することがあります。依頼者と十

分にコミュニケーションを取り、真の依頼者の目的が何なのか、その目的達成がプロフェッションとしての弁護士の職務なのか、あるいはそもそも正義に適うのかといった点についても、場合によっては配意する必要があります（職務基本規程21条）。また、法的請求を実現するために選択すべき最適解と依頼者の目的を達成するために選択すべき最適解が異なることもあり得ます。そういう場合には、依頼者の目的を達成することを第一目的とすること（職務基本規程22条）、反対に法的請求の実現が遠ざかることを十分に説明し、理解を得ておく必要があります（職務基本規程29条3項）。さらに、場合によっては、方針決定自体について依頼者と後々トラブルにならないよう、委任契約書に合意内容を残しておくことが有効なこともあるでしょう。

[関　理秀]

現場力のEssence

■ 交渉が時間の無駄にならないよう、適時に裁判所での手続を検討できるようにする

■ 裁判所を利用するとしても、訴訟ばかりではなく、柔軟な対応を心がける

■ 依頼者の真の目的を十分に把握し、依頼者にいたずらに流されることなく、目的達成のための最適解を探り、真の依頼者の利益のために行動する

Act Ⅲ
提訴準備の場面にて

Act Ⅲ　提訴準備の場面にて

Monologue

　Q弁護士は、税理士になった学生時代の友人Ｐから、「顧問であるＸ社の相談に乗ってもらえないか」と紹介を受けた。Ｘ社の社長Ｚによれば、Ｙ社との間で、契約期間半年の業務委託契約を締結し、毎月末締め・翌10日払いの委託報酬の支払約束をしていたところ、最初の４か月は支払があったものの、その後２か月間は支払が滞り、期間の満了により契約は終了となってしまい、結局２か月分の委託報酬が未払いになったとのことである。

　Ｘ社のＺ社長は、支払が滞ってから、Ｙ社の担当者と交渉をしてきていたが、Ｘ社が業務委託契約で約束した内容・水準での業務を提供していなかったなどと主張して、支払を拒み続け、あるときから担当者とも連絡がつかなくなり、Ｙ社の本社として登記されている場所に行ってみても、もぬけの殻となって看板も何もなくなっていることが判明したとのことである。Ｚ社長は、かなり怒っているようであり、もう交渉の余地はないので訴訟をしたいといっている。

　個人事件としては、Ｑ弁護士にとって初めての訴訟依頼である。しかも、Ｐの顧問会社なので、紹介してくれたＰの面目をつぶすわけにはいかない。しっかりと準備をしなければと改めて思う。

Scene ⅰ　依頼者から聞き取りをする

Prologue

　今回の件では、相手方Ｙ社と音信不通なので、まずは相手方の所在がどこかを調査しないと訴訟を提起することもできない。どのように、どこまで調査できるか……。また、業務委託契約ということだが、委任契約か、請負契約か、一体どのような契約だったのだろうか……。友人Ｐによれば、「こんなの詐欺じゃないの？刑事事件にならないの？」とＸ社のＺ社長は怒り心頭だとのこと。契約締結に至る経緯や、契約書の有無などもちゃんと

チェックしないといけないな。そもそも、そんな所在不明の会社を相手に訴訟を提起しても回収の見込みがあるのだろうか……。

Pからの電話を受けて、明日Z社長と面談する約束をしてしまったが、どこまで何を聞かなければならないか、なかなか整理が難しい。

1. 訴訟を意識して聞き取りを行う

(1) 事実関係を聞き取る

ある事件を受任するか否か、どのような手続で依頼者の利益の実現を図るのか、ということを見極めるにあたり、まずは依頼者から事実関係をよく聞き取ることが重要です。依頼者の話す事実関係を総合すると、どのような法律構成で請求を組み立てるのが最適なのか、どのような要件事実が要求されるのかが見えてきますし、当該要件事実に聞き取った事実関係をあてはめていくと、どの要件事実に対する証拠が不足しているのかなどが見えてきます。

民訴規則では、「訴状には、請求の趣旨及び請求の原因（請求を特定するのに必要な事実をいう。）を記載するほか、請求を理由づける事実を具体的に記載し、かつ、立証を要する事由ごとに、当該事実に関連する事実で重要なもの及び証拠を記載しなければならない」（53条）とされていますから、訴え提起の準備にあたっては、請求を特定するのに必要な事実、請求を理由づける事実（要件事実）、重要な間接事実（要件事実を推認させる間接事実や重要な証拠の証明力に関する補助事実など）、これらを裏付ける証拠の有無と種類を十分に意識して、依頼者から聞き取りを行う必要があります。特に、要件事実を認識しないままに依頼者から漫然と事実関係を聞き取っても、いたずらに時間ばかりがかかってしまいますし、聞き取った事実が整序できないと頭が混乱状態となり、裁判官から多くの釈明を求められるような訴状を作成することにつながってしまいます。

先の例でいえば、依頼者がどのような業務を委託されたのか、どのような報酬の金額および支払方法の合意をしたのか、依頼者は委託された業務を履行したのか、これらの事実について契約書や発注書・請書、請求書や領収書、業務報告書や報告メール等々裏付資料があるのかなどについて、メリハリを付けて聞き取りをすることになります。

　また、訴訟になれば、それまで連絡が取れなかった相手方でも、裁判所からの呼出状を受けて裁判には出頭するということも往々にしてありますので、争点を予測して、相手方の抗弁に対抗できる材料があるかということについても、よく聞き取りをしなければなりません。たとえば、請求行為を長期間放置しており、相手方から消滅時効の抗弁が出される可能性が高い事案では、時効の中断事由やそれを裏付ける証拠があるかという点も依頼者から確認をしておくことになります。消滅時効完成のギリギリになって相談に来る依頼者もありますので、そのような場合には訴え提起を急ぐなど、時効中断の措置を早急に取る必要があります。

(2) 形式的要件・証拠に関して聞き取りを行う

　実際に訴訟提起をする場合には、管轄がどこになるのか、訴額はいくらくらいになるのか、相手方の所在はどこかなどの形式的要件や、手元にある資料をどのように証拠化して提出するのかということなどについても検討していかなければなりません。

ア．土地管轄

　民訴法の土地管轄を調べると管轄裁判所が遠方になってしまい、訴訟提起という選択肢を採ることが極めて不経済となり、交渉で妥結した方が合理的である事案、弁護士が受任して遠方の裁判所まで出張すると、依頼者の経済的負担が大きすぎることになり、管轄裁判所に近いところで事務所を運営している弁護士に依頼者を紹介した方がよい事案などがあります。そこで、最初の段階で管轄裁判所はどこかを確認しておくべきなのですが、請求原因事実に関心が偏ってしまい、うっかりと管轄裁判所を確認し忘れたまま依頼者と話を進めてしまうということもありますから、注意し

ましょう。

　なお、管轄については、相手方に代理人が就いているときは、あらかじめ相手方弁護士と管轄合意をしておくという方法もあります。ただ、管轄合意をする場合には、必ず弁護士の都合のみで決めてしまうのではなく、依頼者にもその理由を説明して承諾を得ておかなければなりません。依頼者の住所に近い裁判所が本来の管轄裁判所なのに、大規模庁に管轄合意をすることがあるようですが、その場合には、どうして大規模庁が適切なのかをよく説明して了解を得ておくべきです。依頼者は、初対面の弁護士にはとかく警戒しており、十分な了解のないままに管轄合意をすると、相手方弁護士とつるんでいるなどと非難されかねません。

　また、事物管轄により、簡易裁判所の管轄となる事件であっても、事案が複雑である場合などには、地方裁判所に移送される可能性が高く、そのような場合に簡易裁判所に訴え提起をすると、移送に要する期間については無駄な時間がかかってしまいます。そこで、そのようなときには、初めから地方裁判所に提訴することを検討すべきです。

イ．訴　額

　訴額に関しては、請求額によって変わってきますので、依頼者が請求したいと要望する金額、実際の回収見込み額や同種事案の判例の傾向により見込まれる認容額に照らして、どの程度の金額を請求額とすべきかを依頼者とじっくりと協議する必要があります。その際には、貼用印紙額についての説明も忘れてはなりません。たとえば、1000万円の請求であれば印紙額は5万円ですが、5000万円の請求をするのであれば印紙額は17万円に跳ね上がります。細かいようですが、このような点についての配慮は、依頼者の信頼を獲得するためには必須でしょう。

ウ．証　拠

　証拠についても、依頼者から、どのようなものが考えられるのかを聞き取りをすることとなります。

　スマートフォンの普及により、録音が容易になり、「裏付資料として録

音があります」と依頼者から言われる場合が多くありますが、録音データの状態のままでは証拠になりません。裁判所に証拠として提出するには、録音反訳を行わなければなりません。ところが、録音反訳は、反訳業者に依頼すればそれなりの費用がかかり、それを説明すると、依頼者からは「大変だけれど自分でやります」と言われることもあります。そうなると、弁護士としては、録音を全部聞き通し、依頼者の作成した反訳が正確なことを検証しないと、とても裁判所には提出できません。弁護士から「やめよう」というと、依頼者からは「先生はやる気がない」などと言われてしまうことにもなります。証拠化するために費用や時間がかかるものに関しては、なるべく早い段階で、依頼者と協議して証拠化の準備を進めておいた方がよいでしょう。

依頼者が自分のスマートフォンに画像やメールのデータ等を保存している場合もよくありますが、その後、スマートフォンの機種変更をしてしまった、あるいはスマートフォンをなくしてしまったなどとして、データがなくなってしまうことも意外と多くあります。依頼者からデータがあると言われた段階で、データをもらい、弁護士側で保存しておくなど、データの保管を依頼者任せにしないようにすることも必要です。

エ．送達の可能性

訴訟を提起するとなれば、訴状を送達できることが前提となりますが、相手方の住所がわからないということは多々あります。その場合には、弁護士が戸籍の附票や住民票によって住所の探索を行うにしても、その取っ掛かりについては、依頼者から聞き取りをしておく必要があります。

たとえば、携帯電話番号しかわからないという場合には、携帯電話会社に対して、契約上の住所について弁護士会照会をかける方法があります。ただ、電話会社によっては、弁護士会照会での回答を一律的に行わないとしているところもありますので、回答が得られるかどうかは事前に確認を行った方がよいでしょう。

また、会社の取締役などの場合には、当該取締役を務める法人の登記事項証明書に住所の記載があります。

転居前の住所はわかるが、転居先がわからないという場合には、職務上請求により、住民票を追いかける方法もあります。住民票が職権消除されているときは、本籍地の記載がある住民票を取り寄せ、その本籍地に対して戸籍の附票を請求すると、一気に現在の住民票上の住所を確認することができます。

　このように、訴訟を提起するという選択肢を採るためには、事案の内容や裏付資料の有無以外にも、細部にわたって依頼者から聞き取りをしておかなければならない事項があるのです。

2. 見通しを説明する

　訴訟手続を採る意義の一つとして、債務名義を取得することがありますので、債務名義を取得した場合に、相手方に強制執行の対象となる財産があるのかという点も重要なポイントとなります。そこで、回収の可能性やそもそも訴訟提起をすべきかどうかを見極めるため、相手方の財産の有無についても依頼者と協議をし、住所地の土地建物の所有者が誰になっているのか、自動車がある場合には名義がどうなっているのか、などについてあらかじめ調査をする必要があることがあります。

　さらに、訴え提起をしても、聴取した内容からして請求権を基礎づける法律構成が困難である、あるいは、証拠があまりにも希薄であるため勝訴の見込みが極めて低いという見通しが立つ場合もあり、そのような場合には、そもそも提訴費用（貼用印紙代と予納郵券代）と弁護士費用をかけてまで訴え提起をするかどうかを依頼者に改めて検討してもらう必要が出てきます。

　また、裁判手続が初めてという依頼者については、訴訟を提起した後の手続の流れや要する時間についても、あらかじめ十分な説明をして理解しておいてもらう必要があります。これを怠ると、後に信頼関係を損なってしまう危険があります。

　そこで、依頼者から事実関係や証拠の有無等について確認した後には、弁護士として、裁判の見通しや手続の流れ、要する時間の見込み、回収可能性等を説明し、改めて訴訟提起という選択肢を採るかどうか、きちんと

依頼者の意思確認をすべきでしょう。このような説明の巧拙が依頼者の信頼の基礎になることを銘記しておくべきです。医師の手術を受けた経験がある人は実感があることだと思いますが、医師は、インフォームド・コンセントを非常に大切にしています。同じプロフェッションである弁護士が、依頼者に対する説明をおろそかにしてよいはずがないのもここから導き出せます。

現場力のEssence

■ 要件事実を意識しないままに依頼者から漫然と事実関係を聞き取らない

■ 相手方の抗弁も予測した上で聞き取りを行う

■ 管轄の説明を怠ること、弁護士の都合で管轄を決めることは、信頼関係の破壊につながる

■ 請求金額を決める際には、貼用印紙額も意識し、依頼者に説明する

■ 依頼者の手元証拠については、その保管方法、証拠化の方法について留意する

■ 裁判の見通し、回収可能性、弁護士費用の観点からも、依頼者の訴訟提起の意思確認を十分に行う

Intermezzo
提訴前にどこまで見通しを説明するか

異論・反論付

白森弁護士

　事件の見通しの説明義務については、職務基本規程29条1項に基づき、「あなたからお聞きした事実によれば、この事件は、相手方の債務不履行が認められて勝訴することになると思いますよ」などと述べるようにしている。また、同条2項に基づき、「この事件は勝訴することは間違いないですよ」などとは決して言わない。また、敗訴する公算が高いと判断した事件については、同条3項に基づき、「残念ですが、私が考える限りでは、敗訴する公算が極めて高いと思います」と率直に伝えている。ただ、その場合でも、ベストは尽くすこと、決して手を抜かないことを依頼者に伝えるようにしている。ときには、「あなたに厳しいことを言えるのは医者と弁護士だけですよ。周りの友人は、あなたにとって耳心地のよいことしか言いませんが、医者と弁護士は違います」と説明すると、不信感を抱かずに見通しに関する説明を受け入れる場合がある。説明の方法が重要である。

赤林弁護士

　敗訴のリスクに関しては、私も必ず十分に説明するようにしている。依頼者が見通しについて納得していなさそうな顔をしているときには、「あなたの言っている事実を前提とする限りでは勝ちますが、裁判官が必ず私と同じ考えに立つという保証はできません」などという説明の仕方をして理解を得ることもある。それでも納得しない場合には、「他の弁護士にも意見を聞いてみてもらって構わないですよ」と言ってしまうこと

もある。

　他方で、ある程度高い勝訴の見込みがある場合に、どこまで正確にそれを話すかについては、悩ましい。たとえば、金銭請求事件で、回収見込みとして話した金額よりも低い金額の回収結果になったときには、依頼者は私のやり方が悪かったからではないかなどマイナスの印象を抱く危険性が高くなりかねない。また、高額の回収見込みを話してしまうと、裁判所から和解を勧められても、これに応じにくい素地を作ってしまうことにもなりかねない。そこで、なるべく抑制的に見通しを話すようにしている。ただ、あまり抑制してしまうと、依頼者が弱気の弁護士だと受け取ってしまうので、その辺の匙加減が本当に難しい。

緑木弁護士

　白森弁護士の意見は、原則どおりであって理想的な姿勢といえるが、若手弁護士の立場からは、事件の獲得のためにあまり敗訴の可能性を厳しく説明してしまうことには若干の躊躇を覚える。また、経験が浅く、正直見通しについて自信がないこともあるため、ベテラン弁護士が、自身の見通しをまるで予言者か占い師のように依頼者に話す様子を見て、驚くとともに感心することもある。

　他方、赤林弁護士の意見も首肯できるが、昨今は、複数の弁護士に相談に行ってから最終的に委任する弁護士を決める人も多いため、事件を確実に獲得するためには、リスクを強く説明しすぎたり、解決金額の見通しを抑制的に話すことは、プレゼンとしてはインパクトが弱く、せっかくの受任の機会を逃してしまうように思う。リスクを説明しつつも、「ぜひこの弁護士に任せたい」と思わせる表現ができるようにしたい。

Act Ⅲ 提訴準備の場面にて

Scene ii 証拠を収集する

Prologue

　X社の担当者と提訴に向けて打合せを行った結果、Y社が口頭弁論期日に出頭してくる見込みは低く、またY社に特段の資産も見当たらないため、回収見込みは低いものの、とりあえず債務名義を取得しておく必要があるというのがX社の方針となった。そこで、正式にX社から訴訟提起に関する委任を受けることとなった。
　さて、何をどのように揃えて提訴すればよいのだろうか。

 現場力

1. 相手方の所在を探す

(1) 法人の所在を探す

　相手方が法人の場合、登記事項を確認することで、本店所在地やその移転があったかどうかを確認することができますが、業績が悪化して他に移転してしまったり、そもそも事業自体を閉鎖してしまったりした場合には、変更登記も行われずに放置されていることが多々あります。まずは、登記簿上の本店所在地に実際に存在しているかどうかを確認することになりますが、存在しておらず、変更登記も行われていない場合には、依頼者に指示して現地に行ってもらい、近隣の人などから情報を得てもらうことになります。その結果、どうしても所在が確認できなければ、登記簿上の代表者の自宅住所を確認し、その住所への送達（民訴法103条2項）を検討することとなります。

　なお、所在調査の段階で、法務局に登記事項証明書を申請していると時間を要してしまいますので、一般財団法人民事法務協会に登録し、「登記

情報提供サービス」を利用できるようにしている弁護士もいます。この「登記情報提供サービス」は、登記所が保有する登記情報をインターネットを使用してパソコンの画面上で確認できる有料サービスで、以下の登記情報を自身のパソコンで PDF により確認できます。ちなみに、費用は、登録費用が、個人利用の場合 300 円、法人利用の場合 740 円かかり、情報に関しては、不動産登記情報や商業・法人登記情報の全部事項が 1 件あたり 335 円、地図情報が 1 件あたり 365 円などとなっています（平成 30 年 12 月時点）。依頼者との打合せの際に、打合せ時点での登記情報を確認して提供することができると、方針決定がスピーディーに進むということもあります。活用する価値はあると思います。

---

a　不動産登記情報（全部事項）
b　不動動産登記情報（所有者事項）：所有者の氏名・住所・持分
c　地図情報：地図又は地図に準ずる図面
d　図面情報：土地所在図／地積測量図、地役権図面及び建物図面／各階平面図
e　商業・法人登記情報：現存会社等の場合は履歴事項の全部、閉鎖会社等の場合は閉鎖事項の全部
f　動産譲渡登記事項概要ファイル情報及び債権譲渡登記事項概要ファイル情報：現在事項又は閉鎖事項の全部、それらの事項がない旨の情報

出典：一般財団法人民事法務協会ホームページ

---

(2) 個人の所在を探す

　相手方が個人の場合で、転居してしまって住所がわからないというときは、まずは転居前住所の市区町村から住民票を取り寄せます。本籍地がわかっているが、現在の住所がわからないという場合には、本籍地の市区町村から戸籍の附票を取り寄せます。

　弁護士が訴状の送達先の調査を目的とする場合には、戸籍謄本、戸籍の附票、住民票等を職務上請求により取得することが可能です。代表者の自

宅住所の土地建物に関しては、資産調査のため、不動産登記情報によって所有名義も確認した方がよいでしょう。

2. 証拠をどう集めるか

どのような証拠を収集するかは事案により異なりますが、証拠の収集方法には、大きく分けて次の方法があります。

❶依頼者の情報に基づき、弁護士が収集する方法

判例や文献の調査、防犯カメラ画像の取得、民事・刑事裁判記録等の閲覧謄写、鑑定や査定、現場写真の撮影、関係者に対する事情聴取（調査報告書や陳述書）、医療記録の取得、携帯電話通話履歴、送受信メールの書面化など。

❷相手方から提供を受ける方法

就業規則、タイムカード、賃金台帳など相手方が作成していることが明らかな資料に関しては、任意の提供を求めた場合に応じてもらえることがあります。

❸弁護士会照会で提供を受ける方法

飲食店やクラブの営業主体の名義人・住所・氏名について保健所に照会する、交通事故の不起訴記録の実況見分調書の写しや物件事故報告書の写しを閲覧謄写できるよう検察庁に照会する、携帯電話の加入名義人・住所・請求書送付先住所・引落銀行口座などについて、電話会社に照会するなど。

❹裁判所を通じて取得する方法

当事者照会（民訴法163条、民訴規則84条）、調査嘱託の申立て（民訴法186条）、鑑定嘱託の申立て（民訴法218条）、文書送付嘱託の申立て（民訴法226条）、検証物の送付嘱託（民訴法232条、226条）、文書送付命令の申立て（民訴法221〜225条）、証拠保全の申立て（民訴法234〜242条）など。

▼弁護士会照会の主な照会先と照会内容例

順位	照会先	件数(件)	考えられる照会内容例
1	警察	64,528	物件事故報告書の写し、事件の検番・送致日等、被疑者の住所・氏名、信号機サイクル等
2	金融機関	43,049	【銀行宛】預金元帳等の写し、取扱支店と取引残高、【証券会社宛】株式等の預かりの有無・種類・数量等
3	検察庁	25,531	交通事故の実況見分調書、事件処理の結果、加害者の住所等
4	運輸関係	11,512	自動車の登録事項等証明書記載事項、自動二輪車の検査登録事項等証明記載事項、軽自動車検査記録簿、貨物自動車運送事業報告書等
5	通信	10,335	発信記録、固定電話の加入者氏名・住所・設置場所等、携帯電話の加入名義人・住所等、携帯電話のメールアドレスからの電話番号照会等
6	医療機関	7,006	診療録、交通事故の被害者の病状等、診療報酬明細の写し等
7	法務省	3,866	法人の印鑑証明書申請人の氏名等、成年後見登記の有無・成年後見人の住所氏名等、服役者の服役場所等
8	地方自治体	3,259	印鑑登録の有無・印影、印鑑登録情報、住民登録の有無、原動機付自転車の登録事項、固定資産税納税義務者等
9	保健所	939	飲食店の営業主体、クラブの営業主体、診療所の開設者等
10	その他	17,194	
	合計	187,219	

※順位・件数は、『弁護士白書2017年版』資料3−7−1−3「弁護士会照会制度利用件数−弁護士会別・照会先別−(2016年1月～12月)」の全国合計件数による。
※考えられる照会内容例は、照会先から照会内容を推測するものであり、実際の照会内容の内訳は不明である。

　①や②の方法で証拠を収集するのが一番簡単で迅速ですが、②の方法は、相手方による改ざん・隠匿の危険性もありますので、改ざん・隠匿しにくい証拠に限定して検討すべきです。③の方法に関しては、東京弁護士会の場合、1通あたり8344円の手数料がかかりますし、弁護士会照会で提出を得られる資料と得られない資料とがありますので、必ずあらかじめ照会先に電話確認を行い、弁護士会照会の方法でなければ出さないとの回答が得られた場合にのみ検討した方がよいでしょう。④の方法は、時間はかか

りますが、改ざんのおそれなしに証拠を獲得することができますので、改ざんのおそれがある場合や争点の判断に不可欠な証拠である場合に利用を検討することとなります。たとえば、交通事故の被害者からの損害賠償請求の事案において、症状固定時期や後遺障害等級が争点となっている場合、加害者側がカルテ一式に関して文書送付嘱託を申し立てることは、頻繁に行われています。これにより、既往症などが判明することもあります。

現場力のEssence

■ 「登記情報提供サービス」を活用する

■ 登記簿上の本店所在地に実際に法人が存在するかは足で確認しなければならない場合がある

■ 証拠の収集は、改ざんのおそれや費用の面から、どの方法が適切かを検討する

■ 弁護士会照会をするときは、あらかじめ回答できるかを電話で確認しておく

⊕ Intermezzo

異論・反論付

証拠の原本をどこまで預かるか

白森弁護士

　原本に関しては、その証拠を提出した裁判期日で原本確認があるから、そのために一旦預かるが、原本確認が終わったらすぐに依頼者に返却するようにしている。預かった原本をなくしてしまったり、原本に誤ってパンチで穴を開けてしまったりという失敗（これは懲戒処分を受けている）を犯してしまうと、依頼者との信頼関係が根本から揺らいでしまうし、代替のきかない重要書類である場合には、取り返しがつかない。預り証をきちんと出していなかった場合には、預けた・預かっていないで依頼者とトラブルになってしまうことも懸念される。すぐに代替が可能な登記事項証明書、戸籍事項証明書の原本を除き、書証の原本を安易に預かるべきではないと思う。原本確認の後に原本が必要になるのは人証調べのときであるが、そのときには依頼者に法廷まで持ってきてもらえば足りる。

赤林弁護士

　重要な書類であっても、依頼者は意外とすぐに捨ててしまったり、なくしてしまったりするので、私は書類の保管に関する限りあまり依頼者を信用せずに、原本をすぐに預かるようにしている。また、尋問の際に再度使ったりするから、裁判手続が終わるまでの間は預かり保管するようにしている。もちろん、紛失するなどのミスがあってはならないのは、白森弁護士の言うとおりであるため、そのようなミスを起こさないようにするために、慎重な取扱いをすることは当然であ

る。契約書等の書類の場合は、穴を開けずにファイルできるクリアーブックに入れて訴訟記録と一緒に保管するようにしているし、預金通帳や自筆証書遺言など重要性の高いものに関しては、事務所の金庫に入れて保管するようにしている。

緑木弁護士

　依頼者が書類をなくしてしまう危険性が高く、その点ではあまり依頼者を信用できないというのは赤林弁護士の意見に賛成である。しかし、即独などが多い新人弁護士にとっては、事務所にそれなりの金庫を設置していない人や銀行の貸金庫を契約していない人も多く、重要書類の保管場所や保管にかかる費用に関してはなかなか対応が難しいことがある。そのようなことからすれば、最初の段階では、早めに原本を預かっておくが、原本確認が終わったら依頼者にすぐ返してしまうという白森弁護士の方法は教えられるところが大きいと思う。

訴状を起案する

Prologue

　依頼者からの聞き取り、証拠の収集を終え、いよいよ訴状起案の段階に入った。事務所の先輩弁護士やボス弁に聞いてみると、訴状のスタイルにも弁護士ごとにさまざまなこだわりポイントがあるようだ。自分はどのようなスタイルで作成しようか……。盛り込むべき内容や添付する証拠に関してはバッチリ検討済みであるが、訴状や証拠説明書については、これまではボス弁の使っている書式を何も考えずにそのままアレンジして使っていて、どのようなスタイルがよいのかということはあまり考えたことがない。
　何かよいサンプルがないものだろうか。

1. 訴状のスタイルを決める

(1) 文字数、行数、余白の設定を決める

　裁判所が作成している訴状のモデルとしては、Ａ４版(縦置き)横書き(片面のみ使用。Ａ３判の袋綴じもしない)、文字サイズは12ポイント、1行の文字数は37字、1頁の行数は26行、余白は、上端35㎜・下端27㎜・左側30㎜・右端15～20㎜とされています。上端は、受付印用のスペースとなります。複数頁にわたる場合には、左端につき綴じしろ2箇所でホッチキス止めをし、文書の連続性・一体性を表すために、頁数を記載しなければならないことになっています。しかし、現実には、さまざまな字数と行数の訴状や準備書面が作成されており、中には、10ポイントの文字で1頁にぎっしりと印字された訴状を見たことがあります。その弁護士に対しては、裁判官から「見づらいので、もう少し大きなポイントで書いても

らえませんか」と言われていました。

(2) 見出しや別表を活用する

　訴状は、司法研修所で習ったように、要件事実を意識して作成する必要がありますが、訴状を受理する裁判所がどの要件事実についての記載なのかを容易に認識できるようにするため、見出しを活用すべきです。見出しをわかりやすく太字やゴシック文字にする弁護士は多いように思います。1頁がすべて文字で埋まっているような訴状は、決して見やすいとはいえません。適当なところで改行するほかに、大見出し・小見出しを工夫して、少しでも読みやすくすることは、裁判官に好印象を持ってもらうための第一歩だと考えます。

　また、時系列が複雑な事案やいろいろな立場からの数字が出てくるような場合（たとえば、株主権確認訴訟における双方主張の株主構成など）には、別表を作成するなどして、裁判官が一覧してわかるような工夫をすべきです。裁判官の中には、事件の流れは時系列で、ストーリーがわかりやすいように書くべきだという人がいます。読み手である裁判官にとってわかりやすいものを作成することを心がけることが最も重要でしょう。

(3) 証拠を引用する

　民訴規則では、「訴状には、立証を要する事由につき、証拠となるべき文書の写し（以下「書証の写し」という。）で重要なものを添付しなければならない」とされています（55条2項）。相手方が答弁書も提出しないで欠席した場合や、代理人をつけずに対応し、漠然とした反論をするのみで実質的な反論を行わず、和解も困難である場合には、早急に訴状の請求原因の記載どおりに事実認定をして判決を出してもらう必要がありますから、裁判官に請求原因の記載どおりの事実認定をしても問題ないことを早期に認識してもらうため、訴状にはできる限り客観的な証拠を引用しておく必要があるといえます。あとで追完して出せばよいだろうなどとはあまり考えない方がよいでしょう。基本的なことですが、書証を引用するときは、どの書証かがすぐに裁判官にわかるよう、「甲1」「乙2」のように証

拠番号を入れます。

　なお、証拠を原本として提出する場合には、裁判期日において裁判所に提出された写しと同一性があるかどうかについての原本確認が行われることになります。訴状に添付した証拠に関しては、第１回口頭弁論期日の際に原本を持参することになりますが、依頼者がどうしても原本を手元に置いておかなければならないという事情がない場合には、早めに原本を預かり、期日に持参できるよう準備しておく方がよいと考えます。

　原本には、何号証として提出したものなのかが一見してわかるように付箋を付けてファイリングしておくと、期日における確認作業がスムーズです。誤って原本にパンチの穴を開けてしまうことがないように、原本をどのように管理するかは、自分なりの統一したやり方を決めておいた方がよいでしょう。たとえば、原本用のポケットファイルを用意し、証拠番号順に原本を入れておく方法、事件袋を用意して事件に関する書証原本のみを入れるファイルを作りその事件袋の中に入れておく方法などがあります。

(4) 当事者の表示を工夫しよう

　原告または被告が法人の場合、当事者名には、法人の名称と代表者名とを並記することになりますが、代表者名には、必ず「代表者」という記載と肩書を忘れないように記載します（たとえば、「代表者代表取締役」「代表者理事」など）。また、原告または被告が未成年の場合には、まず未成年者の住所・氏名を記載し、その下の行に親権者の住所・氏名を記載することとなりますが、父母の氏名の前には、「法定代理人親権者父（母）」との肩書を記載することとなります。この当事者の記載は、弁護士になったばかりの頃は間違いやすいところですから、早く慣れたいものです。

　当事者の表示を「別紙当事者目録記載のとおり」として訴状末尾に編綴するか、冒頭に記載するかについては、特に決まりはありません。ただ、私の経験で、当事者の表示を別紙にしなかった際、裁判所から、判決に添付したいので当事者目録を作成して送ってほしいといわれたことがあります。特に当事者や代理人が多数のときは、当事者目録を別紙として添付する方法がよいかもしれません。

(5) 付属書類の準備を忘れずに

　新人のうちは、付属書類（添付書類と記載する人もいます）として提出が求められる書類、すなわち、不動産事件における登記事項証明書や固定資産評価証明書、未成年事件における戸籍謄本、法人事件における代表者の資格証明書について、事実の聞き取りや訴状の内容の検討に注力してしまい、つい失念してしまうことがあります。直前になって気が付いて慌てて取り付けようとしても、法務局や市役所の固定資産税課（都税事務所）に行くか、郵送で請求しなければ取得できません。また、依頼者と訴訟委任状のやりとりを郵送でしようとすれば、どんなに急いでも往復で2日間はかかります。コンピュータ化されていない戸籍謄本については、それを管理している市役所が遠方であれば、郵送による取り寄せには数日かかってしまいます。したがって、訴訟を提起すると決まったら、早い段階で付属書類も確認して準備を始めるべきです。

2. 証拠説明書を作成する

　証拠説明書には、証拠番号・書類の名称・原本と写しの別・作成日、作成者・立証趣旨を記載する必要がありますが、立証趣旨に関して、どこまで書くかについては種々の考えがあるようです。

　裁判官の中には、判決起案の際には証拠説明書の立証趣旨の記載をまず見てから個別の書証を見るという人もいると聞きますので、あまりに冗長な記載やあまりに簡潔すぎる記載は避けるべきですが、当該の書証からどのような事実を証明しようと考えているのかを簡潔に記載して伝えることが大切だと思います。

　訴状の末尾の「証拠方法」の記載方法としては、「甲第〇号証　売買契約書」等と証拠番号と書類の名称を列挙する方法もありますが、「証拠説明書のとおり」と記載してしまい、詳細は、証拠説明書に譲るという方法もあります。その場合の証拠説明書には、当然のことながら事件番号と係属部の記載はしないこととなります。なお、「別紙証拠説明書」と記載してしまうと、証拠説明書が訴状の一部になってしまいますから、要注意で

す。
　弁護士の中には、事件番号や係属部等を明記した証拠説明書を提出するため、訴状と同時に事件番号の記載のない証拠説明書を提出せず、期日が指定された時点で証拠説明書を直ちに提出するという人もいます。どちらでもよいと思います。

現場力のEssence

■ 裁判官に好印象を持ってもらうため、文字数や行数、フォント、余白を適正に設定したり、大見出し・小見出しを工夫したりして、訴状を読みやすくする

■ 証拠原本の管理は慎重にする

■ 期日における書証の原本確認の際、付箋を付けるなどの工夫をする

■ 当事者の表示は正確に行う

■ 戸籍謄本や固定資産評価証明書等の付属書類の準備を忘れない

■ 証拠説明書の立証趣旨の記載は、簡にして要を得た記載を心がける

⊕ Intermezzo

異論・反論付

訴状に色文字や下線を使うか

白森弁護士

　訴状は、公的な文書と同様の記載方法で記載すべきである。色文字や下線を引くなどの方法は、個人的にはあまり好まない。また、訴状は簡にして要を得たものであることが望ましく、冗長な余事記載は裁判官の心証を悪くする効果もあるので、できる限り避けるようにしている。ただ、そうはいっても、要件事実だらけの訴状、たとえば、"原告所有→被告占有→よって書き"のようなものは作らない。何が争点なのか、どうして訴訟に至ったのかがわからないと、裁判官もどのように訴訟指揮をしてよいかがわからないだろう。その意味では、訴状は、裁判官に対するラブレターと考えるようにしている。

赤林弁護士

　訴状は、確かに、裁判所が主たる読み手であるが、事件の相手方が反論しやすいようにすることも大切だと思う。そして、そればかりでなく、依頼者が見るということも意識した方がよいと考えている。依頼者は、自分の言いたいことがきちんと記載されていることを知ると、満足することが多いし、信頼を得ることにもなる。そのような考えから、下線などの強調方法を用いることは積極的に行うし、要件事実の観点から見れば余事記載のように思える事実であっても、依頼者の要望が強ければ、訴状に記載するということもすることがある。

緑木弁護士

　訴状としてインパクトの強いものを出してしまうことによって裁判所の心証が悪くなっては、訴訟の結論に悪影響が出てしまう危険性もあるので、白森弁護士がいうように、公的な文書の作成方法を知っているきちんとした弁護士だということを裁判所にアピールするためにも、訴状はなるべく公的な文書の記載方法に従って作成すべきだと考える。ただし、赤林弁護士のいうように、あまり簡潔な文書を作成すると、依頼者から「もっと強い調子で書いてほしい！」とか、「これは書かなくていいのか？これも書いた方がよい！」などといろいろ注文してくる場合があるので、その場合は、余事もあえて記載してしまうということはある。依頼者から、弁護士が記載すべきことを記載しなかったから負けたのだなどと後から言われてしまうリスクも避けたいと考えてしまう。

Scene iv 訴状を裁判所に提出する

Prologue

　先のX社から依頼された債権回収の案件について、送達先の調査も完了し、訴状の作成も終えて、いよいよ訴え提起という段階になり、Q弁護士はふと、「訴え提起ってどうやるんだ？」という疑問に直面した。そういえば、ボス弁と一緒にやっている案件では、事務職員に「訴え提起です。お願いします」といえばいつのまにか「訴状の提出が終わりました。早速裁判所から期日調整の連絡がありました」といわれて、手続が進んでいるし、修習生時代の弁護修習の際も、2か月の修習期間内に訴え提起をする事案がなく、経験できなかった。
　非常に基本的なことだと思うので、忙しそうな同期にも聞きづらいし……。

1．必要部数を確認する

　訴状および証拠は、正本（裁判所用）と副本（被告送達用）を裁判所に提出します。したがって、提出すべき部数は、被告の数＋1部、ということになります。被告が2名の場合は、裁判所に提出する訴状および証拠は3部（2＋1）ということです。なお、正本と副本にはその旨を記載します。通常は、正本または副本のゴム印を押しますが、その位置は、右下隅にする弁護士が多いといえます（右上隅に押す人もいます）。赤色とする弁護士が多いのですが、黒色のこともあります。

2．実費（手数料）を確認し、収入印紙・郵券を準備する

　訴状の提出には、請求金額に応じた手数料分の収入印紙の貼付と郵便切

手の予納が必要です。訴額の計算方法や手数料の計算方法は、複雑な場合もありますので、きちんと調査をして、印紙額を計算する必要があります。裁判所書記官研修所編『訴額算定に関する書記官事務の研究（補訂版）』（法曹会）には、訴額の算定方法が詳しく記載されていますから、必携です。

予納郵券は、裁判所ごとに総額と金額の組み合わせが決められており、また、被告の数によって金額と組み合わせが変わってきます。『弁護士職務便覧』（日本加除出版）にも記載がありますが、簡易裁判所などまですべて網羅されているわけではないので、訴え提起を行う裁判所に対して「訴え提起をするので、郵券の組み合わせを教えてほしい。被告は〇名です」と問合せの電話をすると、口頭で教えてもらえます。

3. 訴状を提出する

訴状の提出は、窓口への持参でも、郵送でもすることができます。小規模な裁判所の窓口に持参する場合は、事前に電話などで受付時間を確認しておいた方がよいでしょう。東京地方裁判所の場合は、民事事件受付は14階にあり、受付時間は午前9時から午後5時、正午から午後1時までは窓口休止となっています。緊急の場合には、夜間窓口を利用することも可能です。

民事事件受付窓口では、管轄があるか、住所や当事者名の記載が委任状と訴状とで合致しているかなどの形式的な点のチェックが行われ、誤りや漏れがある場合には、その場で職印を押印して補正をすることとなります。形式的な点に関してはその場で補正ができるように、訴状の提出の際には職印が必携です。

訴状が受理されると、事件番号が付され、事件番号および担当部と担当部の連絡先等の記載がある受付票が渡されます。また、東京地方裁判所では、受付票と一緒に、訴訟進行に関する照会書が交付されます。これは、被告に対する訴状送達の可能性、別事件の係属の有無、和解の可能性をあらかじめ確認しようとするものであり、早めに記載してFAXしておくことをお勧めします。

なお、時効が間近に迫っていて、依頼者が訴状が受理されたかどうかに

Act Ⅲ　提訴準備の場面にて

訴状の主な点検事項

東京地方裁判所民事事件係

私たちは主にここを見ています。提出者御自身による点検用として御利用ください。

点検事項	点検の要領	参考法令
記載事項		
□ あて名	東京地方裁判所あてになっているか	規2Ⅰ⑤
□ 付属書類の表示	添付した書類が表示されているか(委任状、資格証明書、証拠説明書、登記簿謄本、固定資産評価証明書、調停不成立証明書等)	規2Ⅰ③
□ 当事者の氏名、名称、住所	委任状の記載と合致しているか	法133Ⅱ①、規2Ⅰ①
□ 法定代理人の氏名	戸籍謄本、資格証明書等の記載と合致しているか	法133Ⅱ①、規2Ⅰ①
□ 訴訟代理人の氏名、住所	委任状、資格証明書に記載されているか	規2Ⅰ①
□ 送達場所の届出	代理人が1名の場合でも必要。代理人事務所が複数ある場合はどれか1つを指定。本人との関係の記載	規4Ⅰ、Ⅱ
□ 郵便番号、電話番号、ファクシミリ番号の記載		規53Ⅳ
□ 作成年月日	空欄になっていないか	規2Ⅰ④
□ 作成名義人の表示(記名)、押印契印又はページ番号	契印(割印)がない場合、それに代わる措置(ページ番号付与等)が講じられているか(別紙は独立ページでも可)	規2Ⅰ柱書
□ 作成名義人の資格		
□ 請求の趣旨	請求が特定されているか。引用した目録がついているか	法133Ⅱ②
□ 請求の原因	請求の趣旨記載の請求を特定しているか	法133Ⅱ②
□ 証拠保全事件の表示	訴え提起前に証拠保全を行った場合	規54
添付書類		
□ 郵便切手	当事者数に応じた所定の額が添付されているか	費用法12Ⅰ、13
□ 訴状、甲号証副本	被告の人数分あるか	規58Ⅰ、137Ⅰ
□ 資格証明書	商業登記簿謄本、登記事項証明書、破産管財人選任証明書、更生管財人証明書、当事者選定書、戸籍謄本等	規15、18、破産規則23Ⅲ、会社更生規則20Ⅲ、例外:規14
□ 委任状	委任事項が請求と一致しているか	規23Ⅰ
□ 登記簿謄本、手形又は小切手の写し	不動産に関する事件、手形又は小切手に関する事件〔手形(小切手)訴訟事件は民事第8部で受付〕の場合	規55Ⅰ
□ 証拠説明書	文書の記載から明らかな場合は不要	規137Ⅰ
□ 訳文	外国へ送達する場合、外国語の書証	民訴手続条約実施規則2Ⅰ、規138
□ 訴額算定資料	固定資産評価証明書は対象物件のものか。価格証明として適当か	法8、15
□ 調停不成立証明書	調停前置の場合又は調停不成立後2週間以内に訴え提起の場合	民調19、24の2、費用法5
□ 手数料納付証明書	手数料を納付したものとみなされる場合	費用法5
□ 裁決書謄本	審査請求前置の場合	行訴8Ⅰ但書、8Ⅱ
□ 管轄合意書	専属管轄の定めのない場合に限る	法11Ⅱ
□ 訴え提起許可等証明書		破78Ⅱ⑩、地自96Ⅰ⑫、会社更生72Ⅱ⑤、同32Ⅲ
□ 訴状写し(協力依頼)	行政事件及び労働事件は1部、特許、実用新案の事件は5部、その他の知的財産権関係事件は4部を添付	
□ 書証写し(協力依頼)	特許、実用新案の事件は4部、その他の知的財産権関係事件は3部を添付	
その他		
□ 管轄	管轄はあるか。専属管轄でないか	法4、5、6、7、11、12、15、行訴12等
□ 法定代理人の資格		規15
□ 法人の代表者の資格	資格証明書(3ヶ月以内のもの)に記載されているか	規18、15
□ 訴額	訴額は正しいか	法8、9、15
□ 手数料の納付	訴額に対応する収入印紙がちょう付されているか	費用法3Ⅰ、8本文
□ 共同訴訟	要件を満たしているか	法38、行訴17Ⅰ
□ 併合、反訴の制限	特に行政訴訟の場合	法136、146、行訴16Ⅰ
□ 出訴期間		行訴14Ⅰ、民201Ⅰ、会社法828、832、831、865等

(平19.1.1現在)

ついて極めて高い関心を持っている場合などには、控えを持参し、控えにも受付印を押印してほしい旨を窓口で依頼すると、控えに受付印を押印してもらえます。

4. 訴状を補正する

　民事事件受付窓口での形式的チェックを受け、訴状が受理されると、事件が担当部に配点されることとなります。その後、さらに補正の必要がある場合には、担当書記官から補正の必要性のある箇所を指摘する電話連絡があります。基本的には、補正箇所を訂正したページを差し替えるという方法は認められないため、「訴状訂正申立書」を提出する必要があります。訂正箇所が相当数ある場合には、訂正箇所一つひとつにつき訂正申立書に詳述すると、かえって読みづらくなってしまうため、訂正申立書には「請求の原因を別紙のとおり訂正する」と記載し、別紙に訂正後の請求の原因をすべて記載してしまうという方法が考えられます。この方法を採ると、受け取った側では、訂正箇所が複数あってもそれを訴状といちいち対照する手間がなくなり、便利です。また、裁判官や被告から、こんなに記載ミスをしたのかと思われにくいという利点もあります。

5. 第1回口頭弁論期日を調整する

　事件が担当部に配点されると、補正の連絡と同時に、担当書記官と第1回口頭弁論期日の調整を行うこととなります。第1回口頭弁論期日が決まったら、担当部に期日受書（請書とも書きます）をFAX送信する必要があります。FAX番号は受付票に記載がありますが、郵送で訴状を提出した場合には受付票を受領できず担当部のFAX番号がわからないことがありますので、期日調整の電話連絡がきたら、期日受書の送信先FAX番号も確認するよう意識しておくとよいでしょう。

　第1回口頭弁論期日が決まると、裁判所から被告に対し、第1回口頭弁論期日の呼出状とともに訴状の副本が送達されることとなります。訴状記載の送達先に送達ができなかった場合には、担当書記官から送達できなかった理由が告げられて送達先調査を行うように指示されます。これを受

けて、住所変更の有無を確認するため住民票の取り付けをしたり、住所地の現地調査をしたりすることとなります。現地調査を行った場合には、現地調査報告書を提出することとなりますが、同報告書には、担当書記官が付郵便あるいは公示送達と判断し、処分するだけの心証が得られる程度の記載が望まれるとのことです。水道・電気メーターが稼動しているかどうか、表札がどうなっているか、郵便受がどのような状況になっているか、洗濯物があるかの確認や、管理人等からの聞き取りを行うこととなります。調査の結果、居住が確認できれば付郵便送達の、居住が確認できず就業先送達その他の方法による送達も困難である場合には公示送達の要望を報告書に記載することとなります。

　第1回口頭弁論期日までの間に、余裕をもって送達先調査を完了できない場合には、第1回口頭弁論期日を再調整することとなってしまいますので、なるべく早めに送達先調査に取りかかる方がよいでしょう。

［堀川裕美］

| Scene iv | 訴状を裁判所に提出する

現場力のEssence

■ 訴状および証拠の必要提出部数は、被告の数＋1部となる

■ 訴額を計算して、必要な収入印紙額を準備する

■ 予納郵券の金額・組み合わせは裁判所ごとに決まっている

■ 訴状の持参提出の場合は、各裁判所の事件受付時間を事前に確認する

■ 訴状提出の際は、職印の持参を忘れずに

■ 期日受書の送信先FAX番号を聞き取ることを忘れずに

■ 送達不能の場合の現地調査は、速やかに行う

⊕ Intermezzo

異論・反論付

証拠が少ない事案について提訴を提案するか

白森弁護士

　ケース・バイ・ケースであるが、昨今は、パワー・ハラスメントなど、密室で行われ、かつ、違法性の評価が困難な事案について、「とにかく訴え提起をしてほしい」という依頼が増えているように感じる。裁判における立証の重要性や立証責任について、できる限り依頼者にわかりやすく説明し、その上で、実費や弁護士費用、事件の見通しなどについてよく説明をし、訴訟とは他の手段（弁護士会ADRや労働局のあっせん手続など）も紹介し、各手続のメリット・デメリットも十分に説明し、その上で依頼者に選択してもらうように心がけている。しかし、本人尋問しか立証手段がない事件もあるから、そのような事件については、本人尋問と相手方の反対尋問に最大の精力を傾けることになる。負けることもあるが、勝ったときには、依頼者とともに達成感に浸ることができる。

赤林弁護士

　依頼者の中には、費用倒れでもやってほしいと強く依頼してくることがあり、また、インターネットで自分で情報収集して自分に都合のよいところを取り出して都合よく解釈し、勝てるはずだなどといってくることもある。私も、白森弁護士と同様、訴訟提起の場合にはかかる費用や時間、事件の見通しの説明をしっかり行い、訴訟を提起するか別の手段を採るかどうか、十分に依頼者に検討してもらうようにしている。ただ

し、会社の場合は、経理上の処理などの問題から、実費や弁護士費用、調査費用等がかかるという面での費用対効果とは無関係に訴訟提起をしなければならない場合があるので、そのような会社の場合には、個人の場合ほど他の手段の説明などは行わないことが多い。

緑木弁護士

　訴え提起をしたいという依頼者の意思を酌んであげたいし、次の仕事につながる可能性もあるので、できる限り断らないようにしている。弁護士費用については、法テラスが使えないか、弁護士費用特約が付保された保険に加入していないかなどを確認して、これらが使えるというときには特に断らないで積極的に受任し、訴え提起をするようにすべきだと考えている。

Act IV
口頭弁論の場面にて

Act Ⅳ　口頭弁論の場面にて

 Monologue

　Q弁護士は、外資系の法律事務所に入所した同期の弁護士から、「うちの事務所では1年目の弁護士は個人事件を受任できないんだけど、印刷会社を経営している叔父さんが、従業員から突然残業代請求の訴えを起こされた！といって困っているんだ。対応してもらえないかな」との相談を受けた。
　Q弁護士は、司法試験では労働法を選択し、労働事件の経験をできる限り積んでいきたいと考えていたので、同期の弁護士の依頼を快諾し、その叔父さんであるＸ氏と連絡をとり、個人事件として受任することとなった。

Scene 1　答弁書を作成する

Prologue

　同期の弁護士から連絡をもらった日の週末、Q弁護士は、さっそくＸ氏に訴状を持参してもらい、打合せを行った。Ｘ氏は、「50年近く印刷業を営んでいるが、従業員から訴えられるのは初めてだ」とたいそう立腹していた。残業代を請求した従業員は、印刷物の配送を主たる業務としているとのことだが、印刷物が刷り上がるまでの間の待ち時間も長く、残業代は営業手当として支払っているとのことで、「ちゃんと働いてもいないくせに残業代だ何だって、周りの従業員もあきれてるよ」というのがＸ氏の言い分であり、徹底的に争いたいとのことである。
　Q弁護士は、こちらの言い分を法的に整理するとどういう主張になるか、そのためにはどのような証拠が必要か、現状どのような見通しがつくかという点について、Ｘ氏に説明をしたが、「会社を訴えるなんて、恩知らずなやつだ！許せない」と怒っていて、とても冷静な話ができる状態ではない…。
　難儀な事件になりそうだ。

現場力

1. 法的構成と要件事実を意識して聞き取る
(1) 訴状をチェックし、訴訟物、要件事実、争点を把握する

　訴えを提起された被告から事件を受任する場合には、依頼者には、できれば打合せ前に期日呼出状を含め裁判所より送達された書類一式を送付するように指示し、あらかじめ期日呼出状に記載された管轄裁判所・係属部・第１回口頭弁論期日・答弁書提出期限を確認した上、訴状記載の訴訟物や要件事実、争点をざっと把握しておくと最初から効率的な打合せをすることができます。これらの書類を事前に送付する時間的余裕がない場合でも、期日呼出状の内容だけは口頭で伝えてもらったりＦＡＸをしてもらうなどして確認しておくと、第１回期日に出席できるか、答弁書の擬制陳述をするか、いつまでに答弁書を作成するかを依頼者にすぐに説明したり、訴訟委任状を準備しておいたりすることができます。

(2) 依頼者から事実関係の聞き取りをし、見通しを説明する

　依頼者は、裁判所から訴状が届いたということで、動揺していたり、立腹している場合が多く、被告の代理人となる場合は、まずは依頼者に落ち着いてもらうために、訴訟手続とはどのようなものか、どのように進行するのか、どのくらいの時間がかかるのかということを丁寧に説明する必要があります。テレビドラマや映画の影響で、民事訴訟について刑事裁判のようなイメージを抱いていたり、毎回法廷に出頭して尋問のようなことが行われるように思っていたりする人も相当数います。弁護士に委任すれば、期日に出席する必要はほとんどないこと、当初は原告被告双方からの書面のやりとりが約１か月に１回のペースで行われることなどを説明すると、意外な表情をする依頼者も多いのです。

　そのような説明を経て、訴状に記載された事実関係についての聞き取りを行うこととなります。依頼者の中には、感情的になっていて訴状に記載のある一言一句について反論したがることもあります。興奮を静めるため

に、ある程度吐き出してもらう必要はありますが、ある程度のところで要件事実や争点に関する部分に話の重点をもっていくようにしなければ、時間が何時間あっても足りなくなります。

　事実関係の整理が一通り終わると、次に、法的な見地から、訴訟の見通しを説明することになります。訴訟の見通しが依頼者にとって不利なものである場合、そのことを正直に告げても、依頼者はすぐに受け入れてくれないことが多いといえます。反対に、「なんて弱気な弁護士だ」と言い出す人もいないではありません。そのようなときには、依頼者に迎合して安易に景気のいいことを口走ったりしては後々後悔します。弁護士としては、「私は、あなたにとって少しでも有利な結果を導き出すよう全力で訴訟に臨みますから、安心してください」などといって安心してもらうようにしなければなりません。依頼者を安心させ、信頼を得るためにはどのような言葉をいえばよいのかは、まさにケース・バイ・ケースです。すべての依頼者に同じような言葉が響くわけではありません。その意味で依頼者の心の中を推し量る観察眼が求められますが、これは、日々の事件処理を通じて磨き上げるしか方法がないようです。

(3) 請求原因に対する認否を整理する

　民訴規則80条1項には、「答弁書には、請求の趣旨に対する答弁を記載するほか、訴状に記載された事実に対する認否及び抗弁事実を具体的に記載し、かつ、立証を要する事由ごとに、当該事実に関連する事実で重要なもの及び証拠を記載しなければならない」とあります。相手方の主張した事実を争うことを明らかにしないときは、弁論の全趣旨にその事実を争ったものと認められる場合を除き、その事実を自白したものとみなされてしまいますから（民訴法159条1項）、答弁書においては、請求の原因に対する認否を慎重かつ丁寧に行わなければなりません。したがって、「認める」「否認する」「不知」は、誤解されないように正確に記載すべきです。たとえば、「争う」を多用する答弁書を見たことがありますが、「争う」は、法律的な主張に対する認否に限定すべきです。なお、「否認する」としたときにはその理由を記載することが必要となりますから（民訴規則79条

3項)、「否認」か「不知」かに迷ったときには、理由を記載できるかどうかという観点も加味するとよいと思います。いずれにしても、裁判官が答弁書を読んだとき、当該訴訟で争点になり得るのはどこかが分かるようにしておくことが肝要だと考えます。

　訴状の請求原因の部分に関して打合せをするときは、依頼者と一つひとつの事実の主張について協議をし、この事実は認めてよいか、この事実は知らないのかを確認し、事実が違うというときは、その理由は何か（あなたの認識する事実は何か）、あなたの認識する事実を裏付ける証拠があるかという点も聞き取りを行う必要があります。依頼者からの聞き取りについて、レポート用紙に逐一メモを取る弁護士が多いのですが、私は、訴状の請求原因のところをコピーし、そのコピーに記載していく方法を採っています。この方法だと、かなり詳細に事実の認否を確認することが可能となりますし、聞き漏れも最小限にすることができます。ただ、余白スペースに書き切れないこともありますから、必ずレポート用紙も脇に置いておきます。

(4) 被告の主張を整理する

　依頼者から聞き取りを行った後、原告の主張する権利の発生を妨げる事実や要件事実上の不備を指摘できないかを念入りに検討して整理し、被告の主張としてまとめることとなります。ただし、この点は1回の打合せでは無理なことが多く、2回目以降の打合せの結果でまとめることが多いといえます。弁護士の方も、請求原因に対する認否を尋ねた時点では、争点がどこにあるかが茫洋と分かってきた程度にとどまることがほとんどであり、ましてや、事件の全体像が1回の打合せですべて明らかになることは稀であるといってよいでしょう。被告の主張を本格的に整理するのは、何回かの打合せと判例や文献の調査が進んだ時期が最適だと思います。

　被告代理人となる場合、第1回口頭弁論期日として指定された期日の直前に相談を受けて受任する場合もあり、請求の趣旨に対する答弁はできますが、請求の原因に対する認否、被告の主張まではまとめきれないことが往々にしてあります。また、上記のとおり、1回の打合せでは被告の主張

の整理が間に合わないことがほとんどです。そこで、答弁書に被告の主張を記載するのは慎重にした方がよく、「追って、準備書面で明らかにする」とする程度にとどめるのが一般的です。もちろん、争点が答弁書作成時点までに明確になれば、「本件の争点は、○○と考えているが、その詳細は、追って準備書面で主張する」としてもよいでしょう。

(5) **答弁書を提出する**

　答弁書の提出期限は、期日呼出状に記載されていますので、被告代理人としては、提出期限ギリギリに依頼してきた場合を除き、記載された期限内に答弁書を提出するように努めるべきです。答弁書の提出は、裁判所と相手方代理人に対し、書類送受領書を付して、ＦＡＸで行うことができます。ただ、訴訟委任状は、原本を裁判所に提出する必要がありますから、私は、裁判所には訴訟委任状とともに、クリーンな答弁書の正本を提出するようにしています。

　第１回期日に出席できない場合には、答弁書を擬制陳述することとなります。その場合に、答弁書のみを提出して第１回期日出頭の有無を連絡しない弁護士がいますが、原告側弁護士は、第１回に被告の弁護士が出頭するのかどうかを気にするのが普通です。裁判所は、第１回期日の出頭の有無が明らかでないときは電話で確認しますが、その結果は原告側弁護士には通知されません。そこで、第１回期日に出頭するかどうかを原告側弁護士に知らせるのが望ましいのですが、その方法としては、答弁書の中に「第１回期日は出席できないため、擬制陳述をお願いいたします」と記載する方法と別途に擬制陳述の上申書を作成する方法があります。擬制陳述の依頼は、民訴規則上答弁書に記載すべき事項ではないため、別途擬制陳述上申書を提出する方法を採る弁護士の方が多いように思います。その上申書には、係属部の開廷日を確認し、次回期日の候補日も記載しておくと、進行がスムーズになります。また、原告側弁護士に対しても、「参考書面」として上申書をＦＡＸしておくのがよいと思います。そのような気遣いは、原告側弁護士に好印象を持たせることになるのではないでしょうか。

▼擬制陳述上申書モデル

平成●年(ワ)第△△号　損害賠償請求事件
原告　××××
被告　＊＊＊＊

上　申　書

平成30年8月6日

■■地方裁判所民事第●部×係　御中

被告訴訟代理人弁護士　　Q

記

　頭書事件に関して、被告訴訟代理人は、都合により第1回口頭弁論期日に出頭できませんので、答弁書を陳述擬制としていただきたくお願い申し上げます。
　なお、被告＊＊＊＊の物的損害、人的損害に関する資料は膨大であり、また、人的損害に関しては、現在もなお通院中であり損害が確定しない状況であるため、主張書面の準備に一定の時間を要します。そこで、次回期日は、9月後半以降を希望いたします。
　候補日として、9月26日(水)午前中、10月3日(水)午前・午後、10月10日(水)午前・午後、10月17日(水)午前・午後、10月24日(水)午前・午後を提案いたします。

以上

Act Ⅳ　口頭弁論の場面にて

現場力のEssence

■ 被告代理人となる場合は、まずは依頼者に落ち着いてもらうようにする

■ 訴訟手続とはどのようなものか、どのように進行するのか、どのくらいの時間がかかるのかを丁寧に説明する

■ 最低限、期日呼出状の内容をすぐに確認する

■ 依頼者を安心させ、信頼を得るためにどのような言葉を使うかは、まさにケース・バイ・ケース。依頼者の心の中を推し量る観察眼が求められる

■ 請求の原因に対する認否を慎重かつ丁寧に行う

■ 答弁書の提出期限は厳守する

■ 擬制陳述の上申書は候補日も記載し、原告代理人にもFAXするのが好印象である

Intermezzo

異論・反論付

答弁書でどこまで詳細に認否を行うか

白森弁護士

　答弁書では、認めた事実について自白が成立してしまうと、撤回することは基本的にできないため、認否は慎重に行わなければならない。私の場合は、「認める」とするのは、その部分を答弁書に記載して特定するようにし、認めるかどうかが確定しない事実については、「認否を留保する」とするようにしている。

　ただ、事実関係が複雑で争点も多岐にわたるような訴状については、「認めない」というような雑な認否はしない。雑な認否をした答弁書に接することがないではないが、それを受け取った側は、どの事実を争っているのかがはっきりしないため、どのような証拠を提出すればよいのかに悩むこととなる。認否は、その後の立証に直結していることを十分に認識してもらいたいと思う。

赤林弁護士

　自白の成立について慎重になるべきだとの意見について異論はないが、認めてよい事実については当初から認めて争点から落としてもよいのではないか。なお、認否の際に訴状にある文章をどこまで引用するかについては、全部を引用をした上で、「（引用部分）については、認める」とするか、要約した上で、「（要約部分）の事実については、認める」とするかは、弁護士によって異なるところだ。私は、全部を引用をすると、文章が冗長になり読みづらくなるため、要約した事実を記載して認否することが多い。訴訟で争点となるのは、

訴状に記載したとおりの生の事実ではなく、法律効果を発生させる要件事実であるはずだからである。

緑木弁護士

　赤林弁護士の意見に賛成である。認めてよい事実については、早々に答弁書の段階で認めた方がその後の進行がスムーズになると考える。また、不知または否認するとする事実の中でも、特に争う事実に関しては認めない理由についての記載の分量を多くし、一応争う程度の事実に関しては認めない理由についての記載も簡単にするなど、濃淡を付けた記載をすべきだと思う。

　認否の際に訴状における事実の記載をどこまで引用するかという点に関しては、自白の成立を避け慎重に認否を行うことを優先すべきなので、文章が長くなるのは我慢してもらい、全部を引用して認否した方がよいのではないかと考える。

口頭弁論に出頭する

Prologue

　答弁書の提出を終え、いよいよ第1回口頭弁論期日を迎える。Q弁護士のボス弁は、顧問会社の相談対応業務が多く、実はボス弁の事件で裁判となっているものはかなり少ない。久しぶりの法廷に緊張感が高まるが、一人で、しかも自分の事件で出廷するのは初めてのことである。「まずは法廷に入ったら出頭カードを書くのだったな」「あれっ、傍聴席から柵の中に入ってよいのだったかな」「出頭カードを書いたら傍聴席に戻って待ってればよかったんだったよな」「原告と被告の位置にも決まりがあったな……自分は今回は被告側だから、裁判官に向かって右側の席に座ればよかったはずだけれど、まちがいなかったっけ？」修習生時代に民事裁判の法廷傍聴は何回もしたが、いざ自分がその主役となると勝手が分からない。

　法廷には独特の重々しい雰囲気があり、早くも雰囲気におされて緊張してしまうQ弁護士である。緊張を裁判官や相手方代理人に悟られないように必死に平静を装った。

1. 口頭弁論期日に出頭する

(1) 期日開始前に行うこと

　口頭弁論期日に出席した際、まず法廷内の台に並べられている出頭カードに名前を書きます（代理人弁護士名があらかじめ印字されている場合は名前に○をつけます）。共同代理人がいる場合で、複数名の弁護士名が全部印字されているものの、実際は一人しか期日に出席しないという場合には、出席しない代理人弁護士名は二重線で消して、出席しないことがわかるようにしておくという弁護士もいます。なお、出頭していない弁護士の

ところに○を付けるようなことは絶対にしてはなりません。そのようなことをした弁護士に対して懲戒処分がされた例が複数あります。

　口頭弁論期日は、同じ時刻にいくつもの口頭弁論が予定されてることがほとんどで、同じ開始時刻の事件については、当事者双方が揃ったものから順次口頭弁論が始まります。そのため、自分が名前を書けば両当事者が揃うというときは、名前を書いたらその出頭カードを担当の書記官（または事務官。以下同じ）に手渡すと、早めに口頭弁論を始めてもらえることがあります。ただ、書記官が出頭カードを置いてあるところに行って双方当事者が揃っていることを逐次確認している場合には、そのようなことは不要です。

　口頭弁論期日当日に提出する書面がある場合には、その正本と副本を出頭カードの下に置いておくのが一般的です。場合によっては、出頭カードと一緒に担当書記官に渡すこともあります。そして、当日に提出された書面に関しては、正本に受領のサインを求められます。書面の1頁目の右下に代理人弁護士の姓をボールペンで記載するのが通常です。

　事件番号と当事者名（代理人弁護士の氏名のこともあります）が担当書記官から呼ばれるまでは、傍聴席で待機することになりますが、裁判官から見て右手側が原告、左手側が被告の席となりますので、傍聴席においても、空いていれば、原告代理人ならば裁判官から見て右手寄りに、被告代理人ならば裁判官から見て左手寄りに座って待つのがよいでしょう。

(2) 期日内で行うこと

ア．提出書面の確認

　口頭弁論手続においては、その期日までに提出された書面の確認が行われます。第1回口頭弁論期日であれば、裁判官が「原告は訴状を陳述、被告は、答弁書を陳述」と言いますから、言われたときは、「はい」「陳述します」などと答えます。この場合に、椅子から立ち上がる弁護士が圧倒的に多いのですが、座ったままの弁護士もいないではありません。私は、中腰でもよいので、立ち上がるべきだと考えています。

イ. 書証の原本確認

　次いで、裁判官から「原告は、甲１号証ないし○号証を提出。原本があるものについては、原本を見せてください」と言われます。そのときは、直ちに書証の原本を書記官または事務官に渡して裁判官の手元に行くようにします。原本の持参を忘れたために原本確認ができないと、次の期日で原本確認を行わなければならず、証拠が提出扱いとなりません。そこで、必ず口頭弁論期日に出頭する際には、証拠のうち原本で提出したものがどれかを確認し、原本で提出したものに関しては、順番を号証順に揃えて裁判所に提出できる状態にしておく必要があります。その際には、ポストイットに書証番号を書いて貼っておくと裁判官もわかりやすいと思います。

　裁判官による原本確認が終わると、書記官または事務官を通じて反対当事者に原本が渡され、確認が求められます。戸籍事項証明書や登記事項証明書などについては、慎重に原本を確認する必要がないのですが、偽造や変造が疑われる書証については、時間をかけて慎重に確認をすることがあります。ただ、この原本確認を、登記事項証明書なども含めて１通ずつ時間をかけて点検していた弁護士がいましたが、あまりに長い時間をかけていたため、相手方の弁護士から「先生、偽造なんかしていませんよ」と嫌みを言われているのを目撃したことがあります。

ウ. 進行の確認

　提出した書面の確認と書証の原本確認が終わると、次に、進行方針についての確認が行われます。裁判官によって「被告の答弁書を見ると、○○を否認しており、これが争点になりそうですね。原告は、反論の書面を提出してください」などと、争点の確認が行われ、次回期日までにどちらがどのような書面を提出すべきかの指示がなされます。次回期日を口頭弁論期日とするか、争点と証拠の整理を行うために弁論準備手続に付するかどうかも、この場で裁判官が、ときに双方の意見を聞きながら、決めることとなります。

エ．次回期日の調整

　進行についての確認が終了すると、次回期日の調整が行われます。次回期日に主張書面の提出が必要になる場合には、主張書面の作成をしなければならない当事者に対し、裁判官から「書面の提出までにどのくらいの期間を要しますか？」と確認されるのが一般的です。証拠書類の取り付けや書面の翻訳などの手続を行っていて当該手続に相当の時間を要する場合には、その旨を説明し、次回期日までに2か月程度の長い期間を開けてもらう場合もありますが、「通常の期間で」と回答した場合には、書面提出期限が3週間から4週間程度先の日と指定され、約1か月後の週で次回期日が指定されることが一般的です。

　次回期日の指定について、「○月○日はいかがですか？」と裁判官から尋ねられますので、別の予定が入っていたり出張が入っているときには「差し支えです」と回答すれば、また別の日時についての確認が行われ、裁判所と両当事者の都合が合う日時に次回期日が定められます。特に期日請書の提出は求められませんし、呼出状も送付されませんので、間違いのないように、その場で手帳に書き留める必要があります。聞き間違えて別の日を書き留めてしまったという失敗例も耳にします。たとえば、「○月○日の水曜日ですね」というように曜日も含めて再確認するなど、聞き間違えのないようにしなければなりません。

　ミスの防止策は、それぞれ工夫してみてください。

2. 弁論準備手続期日に出席する

　手続が弁論準備手続に付された場合、弁論準備手続期日は係属部の書記官室で行われますので、直接書記官室に赴くこととなります。そして、書記官室のカウンター上に出頭カードが置かれていますので、口頭弁論期日の際と同様、氏名を記載し、両当事者が揃った段階で書記官にその旨を伝えます。

　弁論準備手続は、非公開の手続であり、裁判所が相当と認める者のみ傍聴が認められますので（民訴法169条2項）、依頼会社の担当者が出席する場合には、裁判所が相当性を判断するために、出頭カードに氏名に加え

肩書きも記載することが求められます。

　弁論準備手続期日においては、争点と証拠の整理、進行方法の確認が行われます。ラウンドテーブルを囲んで非公開で行われるため、口頭弁論期日の場合よりも時間をかけて両当事者の意見の聴取などが行われます。裁判官の中には、口頭で説明されて初めて頭にスッと入ることがあるという人もいますので、弁論準備手続期日は、裁判官に対するアピールができるチャンスと捉えて臨むべきです。

　弁論準備手続は、管轄裁判所が遠隔地で出頭が困難な場合など相当な場合には、当事者の一方が期日に出席していれば、電話会議によって手続を進めることができます（民訴法170条3項）。電話会議による弁論準備手続期日においては和解を成立させることもできるので（民訴法264条）、一方当事者の代理人が一度も期日に出席せずに訴訟が終了するということもあります。

　弁論準備手続が終結すれば口頭弁論手続に戻りますが、終結後に新たな攻撃防御方法を提出するときは、なぜ終結前に提出しなかったのかの理由を説明するように求められることがありますから（民訴法174条）、注意が必要です。

3. 期日報告書を作成する

　弁護士は、訴訟代理人として依頼者に代わって期日に出席しますので、当該期日で何が行われたか、次回期日がいつで何が行われる予定であるかなど今後の進行について、依頼者に報告する必要があります（職務基本規程36条は、事件の経過および事件の帰趨に影響を及ぼす事項の報告を義務づけています）。

　報告に関しては、電話で行うというスタイルもあり得ますが、いつ何時、依頼者との信頼関係が不安定になるかわかりませんので、「説明したはずだ・いや聞いていない」という争いを避けるために、また、報酬請求の根拠とするためにも、報告は書面で残しておくべきでしょう。なお、最近は、メールによって報告する弁護士も増えているようですが、メールも保存性がありますから、依頼者がメールによる報告を求めた場合には、紙と同様

に扱ってよいと思います。

　期日報告書に記載する内容としては、①期日の種類（第〇回口頭弁論期日、弁論準備手続期日など）、②期日の日時、③出席者、④陳述・提出のあった書面、⑤裁判所および当事者（代理人）とのやりとり、⑥今後の進行（争点になっている事実やこれに対して必要となる見込みとなる準備事項等を含む）、⑦次回期日、⑧次回期日までにすべき事項などが考えられます。このうち、期日におけるやりとりや今後の進行に関しては、報告の中核をなすものですから、できる限り詳細に報告を行い、依頼者の意思や準備の可否等を確認しておく必要があります。

　弁護士の中には、「期日報告書は弁護士の命だ。報告書がうまく書けるようになってこそ一人前の弁護士だ」という人もいます。期日報告書は、依頼者の信頼を獲得するための重要なツールとなりますので、当日の進行を自分の仕事のアッピールも含めて依頼者に十分説明することは極めて重要です。きちんと伝わるように読む人の気持ちになって書く、専門用語はなるべく使わないようにするなどを心がけて作成すべきです。記憶が曖昧になってしまわないため、また、依頼者に無用な不安を抱かせないためにも、期日報告書は、できる限り当該期日の直後に作成して直ちに発送した方がよいでしょう。

　「期日報告書は、当該期日にあったことを忠実に再現する内容でもダメだ。裁判官から、請求自体が成り立たないのではないかなどと言われたときに、そのまま報告する弁護士はまずいない。そういうときは、直ちに調査再検討して対策を立ててから、期日報告書を作成すべきだ」という弁護士もいます。その弁護士は「期日報告書に嘘を書いては絶対にダメだ」ともいいます。そこが期日報告書の難しさなのでしょう。

　なお、書面で報告するだけでは、当日の相手方の対応の様子や裁判所の発言のニュアンスが伝えきれない場合や依頼者がショックを受ける可能性のある内容を報告する必要がある場合には、書面で報告書を送るだけでなく、電話や面談など口頭での補足説明を行った方がよいこともあります。

4. 期日に当事者を同行させるか

　弁護士は当事者の代理人となりますので、弁護士が期日に出席していれば、当事者が期日に出席する必要はありません。しかし、事案によっては、依頼者を期日に同行することが、事案の早期解決につながるケースもあります。たとえば、こだわりの強い依頼者で、その言い分を直接裁判官に伝えてもらった方が納得を得られそうな場合や、和解の場面で裁判所から直接説得をしてもらう方が依頼者が納得する可能性が高い場合などです。そのような場合には、依頼者を期日に同行するとよいでしょう。

現場力のEssence

■ 証拠のうち原本で提出したものに関しては、順番を号証順に揃えて裁判所に提出できる状態にしておく

■ 書面提出期日の予定を裁判官から尋ねられたら、合理的な期間を回答する

■ 次回期日の指定は、聞き間違え、書き間違えのないよう工夫する

■ 期日報告書は、依頼者の信頼を獲得するための重要なツール。おろそかにするべからず

■ 時と場合により、依頼者を期日に同行することを検討する

⊕ Intermezzo

異論・反論付

相手方弁護士と法廷外で名刺交換をするか

白森弁護士

　相手方とはいえ、当事者本人ではなく、あくまでその代理人として、紛争の適正な解決という共通目的を目指す役割を担っているのであるから、名刺交換をして挨拶をするのは当然の儀礼である。また、紛争の種類によっては、裁判所の外で両当事者を説得して解決に導く必要があるものもあるため、相手方弁護士と期日終了後に軽く意見を確認したりすることもある。

赤林弁護士

　白森弁護士の意見に賛成である。紛争の解決のためには、双方の弁護士の間で円滑なコミュニケーションが取れることは重要だ。名刺交換については、メールで計算表や和解条項案のデータをやりとりすることに備えて、メールアドレスを把握したいという趣旨もある。

緑木弁護士

　相手方弁護士は、あくまで対立当事者の代理人であり、かつ、それまでの任意交渉では解決できなかった事案が訴訟になっているのであるから、ますます対立関係は明白であり、裁判所を介する場以外でコミュニケーションを取る必要はないと考えていた。依頼者にも、弁護士どうしが裏で画策したと思われると適正な解決なのかどうかが疑われ、信頼関係が崩壊してしまう危険性があるし、名刺交換をしなくても訴状や答弁

書に連絡先が記載されているから問題ないし、解決に向けての意見交換は裁判官の面前で行えばいいので、特に期日外で行う必要はないのではないかという考えであった。しかし、白森弁護士や赤林弁護士がいうように、紛争の適正な解決という目的が共通しているのであるから、円滑なコミュニケーションが取れる関係を築けた方がいいというのはもっともであり、自分の考えは間違っていたかもしれないと感じている。

Act Ⅳ　口頭弁論の場面にて

Scene iii 準備書面を起案する

Prologue

　口頭弁論期日、弁論準備手続期日を緊張しながらこなし、次回期日は、準備書面を作成して提出する順番だ。争点、こちらに有利な点と不利な点も明らかになってきたので、より詳細に相手方の主張に反論したり、具体的な主張を展開する必要が出てきた。
　そこで、Q弁護士は、準備書面の作成のため、改めて依頼者と打合せをすることとなった。

 現場力

1．準備書面をどう作成するか

　民事訴訟法上、当事者は、口頭弁論のために準備書面を提出しなければならないものとされています（161条1項）。準備書面に記載すべき事項は、攻撃防御方法、相手方の請求および攻撃防御方法に対する陳述です。

　準備書面の作成にあたっては、法律論のみを展開する場合は別として、依頼者との間で十分な打合せをしなければならないことはいうまでもありません。依頼者によっては、「すべて先生に任せます」などといってあまり積極的に打合せをしようとしない人もいますが、進行に応じて、それまでの相手方の主張や提出された証拠により、その時点での裁判所の判断の見通し、こちらに有利な点と不利な点の見立てができてきますので、それらを踏まえて、どのように主張立証を展開するのかを十分に打合せをした上で書面を作成するべきです。ちなみに、すべて任せるという人は、決して弁護士にすべてを任せるつもりはありません。耳心地よい言葉を信用してはいけません。

準備書面の作成にあたっては、訴状の作成の場合と同様、裁判官に対し、わかりやすいものを作成することを心がけるべきです。重要な事実とそうでない事実は明確に区別し、枝葉末節の事実につき冗長な主張をすることは避けなければなりません。

なお、裁判官から一連の主張の中で、同じ言葉は同じ意味で使うということがとても大事だと聞いたことがあります。訴状や答弁書を読み返し、同じ言葉を異なる意味で使用してしまわないよう気を付けましょう。

2. 分厚い準備書面は避ける

準備書面は、裁判官に読んでもらう書面ですから、読みやすいことが大切です。その意味で、１ページに何の見出しも段落もなくひたすら字が続いていたのでは、とても読み気になれないというべきでしょう。また、一つのセンテンスが異常に長い文章も、解読が大変となりますから、避けるべきだと思います。

さらに、普通のホチキス針が通らないような分厚い準備書面も、本人は「力作だ！」と悦に入っているかもしれませんが、読む方は、最初からため息をつくのではないでしょうか。調停委員を務めている先輩弁護士に聞くと、「３０枚を超える準備書面はとても読む気になれない」と言っていました。その先輩弁護士は、２０枚を超えるようなときは、一つのテーマごとに１０枚前後の別書面にして、同じ日付で同時に提出するのだそうです。そう言われてみると、「本書面では、○○について論ずる」としてコンパクトにまとまっている準備書面は、とても読みやすいと思います。

3. 誤字脱字をあげつらわない

準備書面等に誤字脱字があったとき、これ見よがしに長々あげつらう弁護士がいます。しかし、単純ミスは誰にでもあり得ることですから、「明日は我が身」と考え、サラリと触れて、スマートに対応したいものです。

4. 準備書面を提出する

準備書面の提出は、答弁書の提出と同様、裁判所と相手方代理人に対し、

送受領書を付して、ＦＡＸで行うことができます。

　口頭弁論期日や弁論準備手続期日において、裁判所から、書面の提出期限が定められるのが通例ですので（民訴法162条）、指定された提出期限に間に合うように書面を準備して提出しなければなりません。実務では、次回期日の１週間前に提出というのがほぼ定着しており、次回期日が１か月後に指定されると書面提出期限までには３週間程度しかありません。したがって、スケジュールをしっかりと立てておくことが求められます。最近は、期日当日に書面を提出したりすると、裁判官からは提出が遅れた理由の説明を求められたりしますから、要注意です。ある法廷で、弁護士が「忙しかったものですから」と弁解していたら、裁判官から「忙しいのは相手の弁護士も裁判官も同じです」と切り替えされていました。

　なお、弁護士は、いくつもの事件を並行して処理しているのが普通ですから、ほかの事件に忙殺されているときなどは準備書面の提出期限を忘れてしまう危険性があります。そのようなことのないようにするため、提出期限を記載した表を机の見える場所に貼っておく、スケジュール帳に期日の予定のみならず書面提出の予定も記載しておくなどの工夫が必要です。

現場力のEssence

■ 準備書面の作成にあたっては、依頼者との間で十分な打合せをする

■ 準備書面は、裁判官にわかりやすいものを作成するよう心がける

■ 同じ言葉は同じ意味で使う

■ ２０枚以上の準備書面は、１０枚２通に分ける

■ 誤字脱字にはスマートに対応する

■ 裁判所から指定された書面提出期限は厳守する

■ 書面提出期限を失念しないための工夫をする

準備書面でどこまで強い表現を使うか

+ Intermezzo

異論・反論付

白森弁護士

「荒唐無稽である」とか「暴論である」などの過激な表現を用いた準備書面を作成する弁護士は一定数いるが、職務基本規程においても、弁護士は、他の弁護士等との関係で相互に名誉と信義を重んじるものとされており（70条）、また、事実関係や証拠と無関係に過激な表現を使えば裁判所がそのような表現をした方に有利な心証を抱くという効果があるわけでも全くないため、過激な表現をする必要性は皆無である。なお、弁護過誤訴訟で敗訴した典型例は、①人種差別、②男女差別、③詐欺師・ペテン師などの犯罪者呼ばわりの表現を用いた場合である。また、懲戒処分を受けた例を見ると、「医師としての良心を欠片も見出せない、吐き気を催すほどの醜態」「ヤミ金顔負け」「その半生は寄行と犯罪に埋め尽くされてきた」「常軌を逸した虚言癖と極悪非道を地で行く暴虐に翻弄された」「破産者の操り人形に成り下がり、……逃げ回る管財人」「ペテン師や事件屋の手口そのもの」「常識人の判断ではない」などの表現が品位を失う非行とされている。

私は、こういうことを平然と記載してしまう弁護士は、依頼者に魂を売っているとしか思えない。

赤林弁護士

依頼者が、厳しい表現を用いることを求めてくる場合がある。そういう場合は「裁判は大きな声を出した方が勝つわけではない。相手を罵倒した方が勝つわけ

でもない。冷静沈着に事実と理論を説いていくことによって途は拓けると思いますよ」と言うことにしている。ただ、誰に聞いたのかは知らないが、こういうことを書いてほしいと言ってくる依頼者もいないではない。その場合も、なるべく品位を損なわないように注意して文書を作成するようにしている。また、稀ではあるが、相手方の過激な表現に腹を据えかねて、自分の書面に相手方の過激な表現を括弧付きでそのまま引用し「原告準備書面〇頁の記載を借用した」としたことがある。

緑木弁護士

　自分がそのような書面をもらったらやはり冷静ではいられない。過激な表現を用いてくる相手方に対して、上品な表現でばかり対抗していると、依頼者からは「黙っていていいんですか。やり返してください」と言われてしまうので、相手方が過激な表現を用いてきた場合には、それに対抗して、自分もかなり強い表現の準備書面を作成することがある。ただし、無用に相手方を侮辱する表現をすることは絶対に避けるべきだという意識はある。白森弁護士の指摘するような懲戒事例もあるので、今後も注意したい。

Scene iv 証拠を収集し提出する

Prologue

　残業代を請求してきた原告が、過重労働で精神疾患を患ったとして治療費と慰謝料も合わせて請求し、証拠書類として診断書を提出してきているところ、どうも既往症の存在が疑われる。既往症に関する資料が原告から出てくることは期待できないため、何とか裁判所を通じて原告提出の診断書が作成された日以前の通院先病院のカルテを取得したり、その病院への通院歴を確認することができないだろうか。

1．裁判上で証拠を収集する

　民事訴訟法上、裁判上で証拠を収集する方法はいくつか定められていますが、その中で、比較的一般的に利用されているものとして、次の方法があります。

(1) 調査嘱託の申立て

　調査嘱託とは、裁判所が、官庁もしくは公署、外国の官公署または学校、商工会議所、取引所その他の団体に対して必要な調査を嘱託する手続です（民訴法186条）。当事者が、証明すべき事実、嘱託先、調査事項を明らかにして、書面で申し立てることが必要です。

　たとえば、交通事故の案件において、〇月×日に当該事故現場交差点で道路工事が行われていたことを立証するために、管轄の都道府県土木事務所に対して同時期の道路占用許可申請の有無やその内容について報告を求めたり、既往歴を立証するために住所地の市町村役場に対して国民健

保険加入の有無や加入期間、受診年月日、受診医療機関名、受診診療科等の回答を求めたりすること、不当利得返還請求の案件において、金融機関に対して当事者らの取引状況の報告を求めたりすることなどが考えられます。

(2) 鑑定嘱託の申立て

　鑑定嘱託の申立てとは、裁判所が、国内外の官公署または相当の設備を有する法人に鑑定を嘱託する手続です（民訴法218条）。

　調査嘱託の申立ての場合と同様、当事者が、証明すべき事実、嘱託先、鑑定を求める事項を明らかにして、書面で申し立てることが必要です。

(3) 文書送付嘱託の申立て

　文書送付嘱託の申立てとは、文書の所持者に対して、裁判所からその文書の送付を嘱託することを申し立てる手続です（民訴法226条）。提出義務のある所持者の協力が期待できる場合には、文書提出命令によるよりも穏当であるために、広く利用されています。

　この手続も、当事者が、文書の表示、文書の所持者、証明すべき事実を明らかにして書面で申し立てることが必要です。

　たとえば、交通事故の案件では、医療機関を嘱託先とする医療記録（カルテや画像等）の送付嘱託申立てや、検察庁を嘱託先とする刑事事件記録（実況見分調書等）の送付嘱託申立てが多く行われます。また、不動産登記をめぐる案件では、法務局に対し、登記申請書や添付書類（印鑑証明書等）の送付嘱託申立てが行われることもあります。離婚の事件で財産分与が争点となる場合には、金融機関に対し、相手方名義の預金の取引履歴の送付嘱託申立てをすることなどもあります。

(4) 文書提出命令の申立て

　文書提出命令とは、裁判所が、文書提出命令の申立てを理由があると認めるときに、決定で、文書の所持者に対し、その提出を命ずる手続です（民訴法223条）。

この手続は、当事者または補助参加人が、文書の表示（表題）、文書の趣旨（内容の概要）、所持者、証明すべき事実、文書提出義務の原因（民訴法220条各号または会社法434条の各要件に該当する具体的事実）を明らかにして文書で申し立てる必要があります。対象である文書が所持者の支配下に現存すること、所持者に文書提出義務があること、対象である文書が証拠調べの必要性のあるものであること、文書提出命令により文書を入手する必要性があることの要件を満たすと認められた場合には、裁判所により文書提出命令が発せられます。

　たとえば、残業代請求の件で、運転日報について労働時間を立証するため、文書提出命令の申立てをすることなどがあります。ただし、文書提出命令が認められるためには、要件が厳密になるために、文書送付嘱託の方法を選択することの方が実務上は多いようです。

2. 書証を提出する
(1) 引用部分を明らかにして、符号を振る

　民事訴訟法においては、立証を要する事由につき、各主張書面に書証を添付する必要がありますが、書証には、原告側の場合には「甲○号証」と、被告側の場合には「乙○号証」と符合を付け、どの部分にどの証拠を引用しているのかを明らかにして提出する必要があります。なお、被告が複数の場合は、「乙ア○号証」「乙イ○号証」などとして区別することがあり、また、参加人として書証を提出する場合には、「丙○号証」として提出することもありますので、当事者多数の場合などは、あらかじめどのような符号を用いるべきか、担当書記官に確認するのがよいでしょう。

　同じ名目であっても、日付や月が違うものをまとめて提出したい場合があります（たとえば、2年分の各月のタイムカードや、同一医療機関から取得した通院期間すべての領収書など）。その場合、名目は同じでも、それぞれの立証趣旨は厳密にいえば異なりますので、「甲○号証の1」「甲○号証の2」など、同じ番号の中で枝番を付けて区別する、という符号の付け方をするとわかりやすくなります。ただし、証拠引用の際に困難を生じるため、枝番号を細かく振りすぎることは避けてほしいと漏らす裁判官も

います。枝番号を細かく振りすぎることは避けるべきでしょう。

　複数の写真を同じ写真撮影報告書に添付する場合などには、写真の上に「①」や「（１）」などの符合を付けて、どの写真かを特定できるようにしておけばよい場合もあります。

　証人尋問をする際に引用するとしたら、口頭でどの部分を指しているのかを説明しなければならず、また、判決書に裁判所が引用する必要もありますので、符号の付け方には工夫が必要です。

(2) 書証を提出するには

　書証を提出する際には、証拠説明書を作成し、号証名、種目（写し・原本の別）、作成年月日、作成者、立証趣旨を明らかにして提出する必要があります。

　書証は、原則として原本を提出する必要があり、提出の際は、写しを提出しつつ、口頭弁論期日や弁論準備期日において、原本を持参して原本を確認する手続を経ます。ただし、相手方に原本の提出に代えて写しを提出することについて異議がない場合や原本の存在・成立に争いがない場合には、写しの提出をもって足りることもあります。たとえば、交通事故の事案で、交通事故証明書の記載内容に争いがない場合には、交通事故証明書を写しで提出することなどがあります。

　準備書面や答弁書に添付する書証は、主張書面とともに郵送やＦＡＸで提出することもできますが、書証に関しては、カラーコピーのものや細かい表や数字が記載されているものについてはＦＡＸでは見づらくなってしまうことがありますので、その場合にはＦＡＸで提出するのみならず、クリーンコピーを提出するようにすべきです。そのようなクリーンコピーを郵送または持参する予定がある場合には、送受領書にその旨を記載しておくのが、記録編綴の都合上親切でしょう。

　相手方からの提出された書証の成立を争う場合には、口頭や主張書面でその旨を述べるのみならず、その理由を明らかにした書証認否書を提出することが必要となります。

3. 書証以外の証拠を提出する

　書証以外の証拠方法としては、人証（証人および当事者本人）、検証物、鑑定人があります。証拠の申出はそれぞれ、証明すべき事実や目的物（検証物や人証の表示）、対象事項（鑑定を求める事項、検証によって明らかにすべき事項、尋問事項）を明らかにして書面で行う必要があります（民訴法180条）。

　証拠申出に対しては、裁判所は相手方の意見を確認し、裁判所が採否を決定して行います。

　たとえば、書面に記載された筆跡に争いがある事案の場合には鑑定が、境界線確定の事案などで実際の境界石の設置位置や塀の設置状況を確認した方がよい場合には検証が、それぞれ行われます。しかし、現実には、写真や自ら依頼した専門家による鑑定書など書証の提出で足りる場合も多く、鑑定・検証が行われるケースはあまり多くはありません。

現場力のEssence

■ 裁判上で証拠を収集する方法を把握し、どの方法を用いて証拠を収集すべきかをよく検討する

■ 当事者多数で書証の符号の付け方がわからない場合は、あらかじめ担当書記官に確認する

■ 書証の枝番は必要最小限にする

■ FAXでは見づらい書証は、クリーンコピーを提出する。クリーンコピーの提出予定は送受領書に明記するとよい

■ 書証の成立を争う場合には、口頭や主張書面でその旨を述べるのみならず、その理由を明らかにした書証認否書を提出する

Act Ⅳ 口頭弁論の場面にて

Scene Ⅴ 訴えの変更と取下げ・反訴をする

Prologue

　今回の訴訟では、訴えの変更や反訴の提起、訴えを取り下げる必要性などは全くなかったが、実際にどういう場合に、この手続を使うのだろうか。ふと気になったＱ弁護士は、一杯飲む席で先輩弁護士にこの疑問をぶつけてみた。すると、「そうか。Ｑ君はまだやったことないのか。今聞かれてパッと浮かぶのは、交通事故の案件だね。交通事故で治療が長引いたりすると、加害者側から、債務額確定訴訟を起こされたりするんだよね。その場合は、被害者側からは、反訴として損害賠償請求訴訟を提起するんだ。そうすると、元々の債務額確定訴訟の方は取り下げてもらうことになるわけだ。あと、とりあえず物的損害は確定しているので物損部分だけで損害賠償請求訴訟を提起したけれども、その後人的損害についても確定した場合には、請求の拡張、すなわち訴えの変更という手続を採ることになる」と教えてくれた。なるほど、たしかに、請求額を変更しなければならないというケースはけっこうありそうだ。この機会に、どうやるのか、手続を確認しておこう。

現場力

1. 訴えの変更をする
(1) 訴えの変更が必要な場面とは

　同一原告が訴訟係属中に同一被告との関係で新たな請求を審判対象とすることを、訴えの変更といいます。実務上よく行われるのは、請求の拡張または減縮、すなわち請求額を増額したり減額したりする変更です。

　単純に、損害額の計算が間違っていたために増減額が必要となったという場合にも訴えの変更の申立てが必要となりますし、［**Prologue**］で先

輩弁護士が説明している事例のように、不法行為に基づく損害賠償請求事件において、訴え提起の段階では確定していなかった損害であり、同一の不法行為により発生した損害が訴訟手続の途中で確定した場合などにも、訴え変更の申立てにより、請求額を拡張する必要があります。

(2) 訴えの変更の方法は

訴えの変更は、請求の趣旨の変更を伴う場合には、書面の提出・送達が必要となります。答弁書や準備書面と異なり、FAXで直送することはできず、正本・副本を裁判所に提出し、その相手方から送達証明書を受ける必要があるということは、案外知らない弁護士もいるようです。ただ、裁判所に正本と副本を提出するとともに、FAXにて、送信表上に「別途正式書面として提出いたします」と記載した上で、参考書面として相手方にも送信をしておくことは、手続の予告の意味で有用だと思います。

副本の送達方法としては、送達報告書用紙に署名押印をした上で、裁判所書記官から交付を受ける方法が採られることが多いです。

請求額を拡張した場合には、収入印紙の追納が必要になる場合がありますので、あらかじめ担当書記官に連絡をし、追納の要否および金額について協議しておくべきです。

2. 反訴を提起する

(1) 反訴の場面とは

反訴とは、継続中の訴訟手続を利用して、被告が原告に対して提起する訴えです。反訴が適法であれば、本訴と反訴の併合審理がなされるため、原被告間での紛争の一挙解決に役立つ手続です。ただし、反訴請求が本訴請求またはこれに対する防御方法と関連するものであることが必要です。たとえば、先の例のように、不法行為に基づく債務額確定訴訟に対して、同じ不法行為に基づく損害賠償請求を起こす場合、金銭消費貸借契約に基づく貸金返還請求に対して同じ金銭消費貸借において発生した過払金返還請求をする場合などがこれに当たります。

(2) 反訴提起の方法

　反訴の提起も、本訴と同様、裁判所に対して正本・副本を書面で提出し、相手方に送達する必要があります。

　反訴状を作成する際、当事者の呼称については、本訴原告を反訴被告、本訴被告を反訴原告と記載することになります。証拠を引用する場合、当該証拠の符号は、本訴の続きから「乙○号証」と振ることとなります。

　手数料（印紙額）に関しては、反訴が本訴とその目的を同じくする場合には、別訴の場合に納付すべき額から本訴の手数料額を控除した額を納付すれば足ります。たとえば、相手方が債務額確定訴訟で100万円の損害賠償義務を自認し、1万円の収入印紙を納付して本訴を提起していた場合に、反訴で300万円を請求するとすれば、300万円の請求にかかる印紙代2万円からすでに納付されている1万円を控除し、1万円分の収入印紙を納めればよいということになります。ただし、この計算は複雑な場合があり、誤って多く納めてしまった場合には、還付の申立てを行って還付決定を受けなければならないため、担当書記官と協議の上で追って納付することとし、反訴状提出の段階では納付しないという取扱いをすることも多いようです。

　反訴は、それ自体が一つの訴訟ですから、本訴の係属部に提出するのではなく、事件受付（東京地裁の場合は、14階の民事訟廷事務室事件係）に提出する必要があります。

　反訴が適法である場合には、本訴と反訴が併合して審理されることになりますが、先の例のように、債務額確定訴訟の本訴に対して、損害賠償請求訴訟の反訴が提起された場合には、反訴のみを審理すれば本訴の目的は達成されるため、本訴は取り下げるよう求められます。

3. 訴えを取り下げる
(1) 訴え取下げの場面とは

　原告は、判決が確定するまでの間、その訴えの全部または一部を取り下げることができます。ただし、相手方がすでに本案について準備書面を提出し、弁論準備手続において申述をしまたは口頭弁論をした後にあっては、

相手方の同意を得なければ訴えの取下げをすることはできません（民訴法261条）。

たとえば、訴え提起をしたところ、相手方から連絡がきて裁判外の交渉により請求額満額の回収ができてしまった場合には、訴えの取下げが行われることとなります。

(2) 訴え取下げの方法は

訴えの取下げは、口頭で行い口頭弁論期日調書に記載する方法もありますが、通例は書面で行うこととなります。全部なのか一部なのか、一部であればどの部分を取り下げるのかという点は明記する必要がありますが、特に取下げの理由を記載する必要はなく、「都合により取り下げます」などと記載するのが一般的です。もちろん、裁判所に対して理由を示しておこうと考えるときは、「被告から請求金額全額の弁済を受けたので、取り下げます」「被告が本件建物を明け渡したので、取り下げます」などと記載しても差し支えありません。

相手方の同意を要する場合には、事前に相手方から同意書の交付を受け、それと併せて取下げ書を提出すると、手続がスムーズに終わります。

［堀川裕美］

現場力の Essence

■ 訴えの変更、反訴提起、訴えの取下げが必要な場面を把握する

■ 訴えの変更は、書面の送達が必要なので、FAX 直送できない。ただし、手続予告の趣旨で、相手方に参考書面としてあらかじめ FAX することは有用である

■ 反訴状は、正本・副本を事件受付に提出する

■ 反訴状に貼付する印紙の額は、追って納付することが可能な場合でも計算が複雑であれば担当書記官に相談する

■ 訴えの取下げは書面で行うが、取下げの理由の詳述は不要である

■ 訴えの取下げに相手方の同意を要する場合、事前に相手方から交付を受けた同意書と併せて提出すると手続が円滑に進む

Act V

証人尋問の場面にて

Act V　証人尋問の場面にて

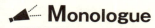 **Monologue**

　Q弁護士は、国選弁護人として情状証人の尋問と被告人質問をした経験はあったが、いよいよ初めての民事の尋問である。事案は、交通事故。依頼者は原告で、助手席に奥様を同乗させて乗用車を運転していた男性Ｘ氏。信号機のあるごく一般的な十字路の交差点での事故である。依頼者の認識に従って、乗用車の物損につき損害賠償請求をしたが、相手方トラックの運転手Ｙ氏は、自分の進行方向の信号が青色だったといって譲らず、とうとう訴訟になった。トラック運転手Ｙ氏からは、逆にトラックの物損について、反訴が提起されている。

Scene

人証申出をする

Prologue

　相手方Ｙ氏側が走行していた道路は幹線道路だが、２車線あるのでそれほど混雑はしていない一方、依頼者Ｘ氏側が走行していた道路は、駅に続く道路であり、１車線で狭いのでいつも渋滞している。この日もＸ氏が走行した道路は渋滞中で、Ｘ氏は前の車に連なって運転していたところ、突然左の道路からトラックが目の前に突っ込んできた。一歩間違えれば乗用車の側面に体当たりされ、同乗者やＸ氏も大けがをするところだったが、トラックが乗用車の目の前を通過した際に、トラックの側面と乗用車の前面が接触し、バンパーが落ちた程度の物損で済んだ。

　どちらの車にもドライブレコーダーはなく、人身事故でもなかったため、警察も事故届を受け付けたくらいであって、証拠に乏しい。交差点付近に畑を持っている農家の人に会ったところ、Ｘ氏が走行していた道路がいつも渋滞しているということはいえるが、それ以上のことはわからないという。十分な証言とはいえないが、目撃証言もないので、Ｑ弁護士としては、この人に証人になってもらうしかないと考えている。

🔍 現場力

1. 集中証拠調べに臨む

　準備書面等による当事者の主張とそれに沿う書証の提出が済んだものの、それでも事実関係についてなお証明すべき事実が残っている場合には、事実関係について事情を知っていると思われる証人、当事者の尋問をするということになります。

　今は、当事者はもちろん証人についても、人証申請をする側がその者の陳述書を作成し、陳述書に沿う短い主尋問の後に、反対尋問に十分な時間を取って、すべての人証調べを1期日で終了させるという集中証拠調べが一般的になっています。過去には、数回の人証尋問を五月雨式に行っていたこともありましたが、ほとんど見られなくなっています。五月雨式尋問であれば、主尋問の尋問調書をじっくりと検討して反対尋問に臨むことができましたが、現在では、主尋問が終わり次第直ちに反対尋問に臨まなければならなくなりました。

2. 証拠申出をする

(1) 証拠申出書を作成する

　証拠申出書には、人証申請しようとする者の当事者／証人の別、住所、氏名、裁判所からの呼出しが必要か同行させることが可能か、申請した側（主尋問）の尋問予定時間、尋問事項を記載します。

　相手方が同行として申請する可能性の高い敵性証人や相手方当事者についても、主尋問で聞かれないであろうと予想される事項について質問する必要がある場合、相手方弁護士が反対尋問中に「主尋問と関連性がない」などと異議を連発する公算が高いような場合は、こちら側でも主尋問をするために人証申請をしておく必要があります。その場合には、証拠申出書には、「呼出」と記載します。

　事例における農家の人のように、必ずしも法廷で証言することに積極的でない証人についても、必要であれば呼出しの形で人証申請をすることに

なりますが、一般的には裁判所には歓迎されません。そういう人は、呼び出しても出頭しない可能性がありますし、尋問予定時間の予測も立ちにくいからです。何よりもどんなことを証言するのかの予測が立たず、いざ尋問してみたら何の役にも立たなかったという無駄もあり得るからです。そこで、こちらにとって証言をしてほしいと思う人には、できる限り事前に緊密な連絡を取り、同行の形で人証申請ができるようにする必要があるわけです。

(2) **尋問事項書を作成する**

証拠申出書には、尋問事項書を付けなければなりません（民訴規則107条1項）。そして、尋問事項書は、できる限り、個別的かつ具体的に記載しなければならないとされています（同条2項）。

しかし、現実には、同行の証人、当事者に関しては、個別的かつ具体的な尋問事項書は作成されていません。せいぜい10個くらいの尋問事項を概括的に列挙し、最後に「その他本件に関連する一切の事項」というバスケット条項を入れるのが一般的です。これは、過去の手書きまたは和文タイプ時代の何事も簡単に書く風習の名残りという面もありますが、あまりに個別的かつ具体的な尋問事項を記載してしまうと、反対尋問のための格好の材料を提供してしまうことを考慮して、簡単に記載しようという心理が働いてのことと考えられます。

ただ、呼出しの形で尋問をする場合には、裁判所からは当該証人に対して送付される呼出状に尋問事項書が添付されることになっている関係で、かなり具体的かつ詳細な尋問事項書を提出するように求められます。このような証人の場合は、どちらの弁護士も接触していないいわば無菌状態の証人であることが普通ですから、いかにして当時の記憶を喚起してもらうか、いかにして当方に有利な事実に関する記憶を思い出してもらい、迫真性をもって証言してもらうかを念頭に置いて作成することが必要です。もちろん、こちらに不利な事実を思い出す可能性もありますから、その点の配慮も欠かせません。

3. 陳述書を作成する
(1) 陳述書は弁護士が書く
　ほとんどの場合、人証の申請をした側に対して、当該尋問予定者の陳述書の作成が求められます。

　陳述書には、尋問予定者の簡単な経歴、訴訟事件との関係、証人等が実際に経験した事実を整理して書きます。これを尋問予定者本人に書かせるという弁護士もいないわけではないものの、弁護士が作成することが多いでしょう。証人予定者の陳述書の場合で、当事者双方と関係があってどちらからもよく思われたいというような場合、逆にどちらの肩も持ちたくないというような場合に、稀なことですが、証人予定者自身が弁護士の陳述書の起案を拒否し、自分で書くという人がいます。しかし、本人がどうしても書くという場合でも、一切を任せきりにするのではなく、弁護士が要点の下書きをして参考にしてもらうなどの工夫が必要でしょう。私の経験では、陳述書の原案を作成して見せたところ、証人予定者が自分で書くと言い張ったためやむなく了解したら、結局私の原案とほぼ同じ内容をレポート用紙に手書きで書いてきたということがありました。

　このような例外を除けば、陳述書は、弁護士が尋問予定者から事実の聞き取りをした後に原案を作成し、それに誤りがないかどうかをチェックしてもらって修正をした後、尋問予定者の署名押印をもらうこととなるのが一般的です。

　弁護士の中には、本人の認識を十分に確認せずに、弁護士自ら自分が認識する事実を書き連ね、不明確な点については想像を働かせて適宜記載し、できあがった陳述書案に強引に署名押印を迫る人もいると聞いたことがありますが、後で述べる証人汚染と同じ問題があります。

(2) 陳述書をどう書くか
　陳述書には争点整理機能、主尋問開示機能、主尋問代用機能などがあるといわれています。尋問の順序と時間配分を協議する際、裁判所からは、主尋問で尋ねようと考えている事項はできるだけ陳述書に詳細に書いてもらい、それを積極的に活用することによって、主尋問の時間を短くしてほ

しいといわれることが多いと思います。この場合、尋問の際、「この点は、陳述書○頁から○頁に記載したとおりでよろしいですか」という質問をし、「はい」と答えてもらうことで代替することになります。

　しかし、詳細に書くといっても、メリハリのない冗長な陳述書は、裁判官もとても読む気になれません。まずは、尋問予定者の簡単な身上・経歴、当該訴訟事件との関係を記載した後、時系列あるいは争点ごとに事実を記載していくのが基本でしょう。また、作成の際には、準備書面との違いを十分に意識する必要があります。準備書面のデータをそのまま利用して「である」を「ですます」に直した程度の陳述書を受け取ったことがありますが、それでは全く意味がありません。尋問予定者自身の経験した事実を整序して、時系列を意識し、簡潔に記載していくよう心がけ、さらには、客観的証拠との整合性や、前後での論理矛盾を生じさせないことにも十分注意しましょう。ある先輩弁護士は「最初は、陳述書なんて弁護士の単なる作文だと思っていたが、人証調べの前に書証とともに陳述書を徹底的に読み込み、書証との矛盾点や陳述書内の論理矛盾を複数探し出して、法廷で徹底的に追及したら、弁護士人生の記憶に残る反対尋問ができた。敵性証人や相手方本人の陳述書は、反対尋問の準備をする際の、必須のアイテムだよ」と言っていました。陳述書を作成する際、心すべきことです。

　陳述書を時系列で書くか、それとも争点ごとに書くかですが、時系列で書くのがわかりやすいという意見が多いようです。確かに、時系列の方が、時間軸を追って事実関係が展開されますから、読む者にとっても自然と頭に入ってきます。また、時系列で陳述書を作成すると、ストーリーとして成り立たないような事柄に遭遇することがありますが、それは、結局のところ、当該訴訟事件の難点を如実に指し示すものといえます。すなわち、当該事件の当方にとってのウィークポイントを発見するのにも、時系列の陳述書は役立つことになります。これに対し、事案があまりに複雑である場合や、複数の事実が同時並行して進んでいるような事案では、争点ごとに整序することがよいのではないかと思われます。

　いずれにせよ、わかりやすくかつ簡潔な陳述書の作成は、弁護士の腕の見せどころです。

現場力のEssence

■ 敵性証人や相手方本人であっても、主尋問で現れない事項を尋問するときには、人証申請をしなければならない場合がある

■ 同行の尋問予定者の尋問事項書は簡潔に、呼出しの場合は詳細に書く

■ 陳述書の作成は弁護士の腕の見せどころであるから、本人任せにはしない

■ 時系列で詳細でわかりやすく、客観的証拠と整合し、論理矛盾のない陳述書を作成し、裁判所の心証形成を有利なものにする

■ 陳述書は、相手方弁護士が反対尋問の準備のために徹底的に読み込んでいる

⊕ Intermezzo

異論・反論付

尋問事項書や陳述書の詳しさの加減は？

　尋問事項書や陳述書にどこまでのことを書くべきだろうか。裁判所は詳細に書けというが、あまり詳細に書くと相手に手の内が知られてしまうようで、抵抗もある。

白森弁護士

　尋問事項書や陳述書を詳細に書いてしまっては、証人尋問で何を聞きたいのか、こちらの手の内が相手に筒抜けになってしまう。尋問事項書も陳述書もシンプルに書くことを常としている。特に陳述書については、要件事実を証明する事実を書く程度で十分であると考えている。あまりに詳細な陳述書にすると、当該本人の認識と違う事実、記憶があいまいな事実もついつい記載してしまうことがある。そのような陳述書は、尋問段階で徹底的に弾劾されてしまう。

赤林弁護士

　白森弁護士の言うようなものでは陳述書を出す意味がない。そもそも、相手方は、人証申請をする段階で尋問予定者に対してこちらがどんな尋問をするのかある程度わかっているはずであり、人証調べの段階で情報戦をしても仕方がないのではないか。陳述書の主尋問開示機能は、尋問時間を短縮し、訴訟をスピーディーに進めるためにも重要であって、その点からしても、陳述書は詳細に書かないと意味がない。また、整理されたわかりやすい陳述書は、裁判所の心証形成にも資する。尋問事項書については、尋問をする事項をすべ

て羅列するわけにもいかないから、あまり詳細である必要はないと思うが、陳述書は違うと思う。

緑木弁護士

　基本的には赤林弁護士に賛成である。まだまだ尋問の経験が浅い自分としては、主尋問で失敗したくないという思いが強い。証人はもちろん当事者であっても、十分な事前打合せをしていたにもかかわらず、尋問当日に緊張などで打合せどおりに答えてもらえなかったり、逆に自分が混乱したりと、主尋問がうまくいかなかったこともある。そういう場合に備えて、陳述書は十分に準備して詳細に用意しておきたい。司法修習中の指導担当裁判官も、陳述書から心証を取ることは非常に多いと言っていたし、事実関係を整理する意味でも陳述書は重要だと思うので、しっかり準備したい。

Act V　証人尋問の場面にて

Scene ii 尋問の打合せをする

Prologue

　Q弁護士は、いろいろと説得を試みたところ、交差点付近の農家の人にも証人としてお付き合いいただけることになった。話を聞いてみると、なんと事故当日も畑に出ており、事故の瞬間は目撃していないものの、その前後の状況は見ていたという。そこで、普段の状況と当日の状況に分けて尋問することになった。

 現場力

1. 打合せをどう生かすか

　尋問のための打合せは極めて重要です。弁護士は、訴訟提起とその後の遂行の過程で当事者本人や関係者と何度となく打合せを重ねているはずですから、自分は事案の細部まで十分に理解をしていると思いがちですが、いざ当事者本人や証人予定者と尋問の打合せをすると、これまで全く聞いていなかったことを言い出したり、それまで聞き取って準備書面を書いてきた前提を根底から揺がすような事実が出てくることもないわけではありません。そのようなときも、「何で早く言わないのだ」などと怒ったりせず、冷静に事実関係を分析し、依頼者にとって有効な主尋問になるようにしなければなりません。

2. 証人汚染をしないために

　当事者本人や証人予定者と尋問準備のための打合せをするときには、弁護士は、その時点までに聞き取ってきた事実を前提に実戦用の尋問事項書を作成しておくのが一般的です。何の書類の準備もせず、行き当たりばっ

たりで尋問の打合せに入る弁護士は極めて少数であり、依頼者や証人予定者から不信感を持たれることは明らかです。

証人汚染の問題は、尋問のリハーサルのやり方にあります。ある弁護士は、前述したような尋問事項書について、逐一その答えを記載したペーパーを用意し、それを読み上げて尋問予定者に覚え込ませるといいます。尋問予定者が「ここは事実と違うのですが」等と言おうものなら、「何を言っとるか。私の記載したとおりに法廷で証言すればよいのだ」などと怒鳴り散らす人もいるのだそうで、その弁護士にとっては訴訟が自分の事件になってしまっているわけです。どうしてそこまでと思いますが、自分に都合のよいように事件を捻じ曲げてしまっては、依頼者の権利擁護も画餅に帰すというものです。

そこまでひどくはないにしても、弁護士がよく難しいと感じるのは、尋問予定者が「この点はよく覚えていないのですが」と言った場合の対応です。「その点は、このように答えてください」と言ってしまえば、職務基本規程75条で禁止されている偽証のそそのかしに当たる可能性が残ります。「その点はこういうことではなかったですか」と言っても、程度が軽くなっただけで、同じ可能性は否定できません。このような場合にどうすべきかという問いに対して最も多くの回答があったのは、「あなたの陳述書ではこういう記載になっているようですが、どうでしょうか」というものでした。

3. 尋問事項書に記載のない事実を尋問する

稀にですが、打合せの結果、尋問事項書に記載したこと以外の点についても、有益な証言が得られそうだと判明する場合があります。多くの場合、尋問事項書の最後に「その他本件に関連する一切の事項」という包括的な文言を記載しているでしょうから、尋問事項書から少し離れた事項について質問して証言を得ようとしても、問題になることは少ないでしょうが、尋問当日に尋問事項書の内容とあまりに異なる質問をしようとすると、裁判官から質問を制限される可能性があります。そのような場合に備え、事前に尋問事項を追加する書面を出しておくことも検討するべきです。

⊕ Intermezzo

異論・反論付

証人への心配りと証人汚染

どこまでが尋問相手への配慮で、どこからが証人汚染なのか、難しい面もある。弁護士は、どこまで尋問予定者の希望に応えるべきだろうか。

白森弁護士

証人汚染にならないように慎重に対応するのは当然である。基本的に、尋問する事項の詳細までは、打合せをする前に尋問予定者に見せるが、最後まで尋問に対する答えの案は見せない。そうしなければ、真に迫った証言は得られないし、主尋問における証言の信用性は著しく減退する。主尋問はオープンクエッションが原則なので、「それでどうなりましたか？」とか、「その後どうしたのですか？」などといった抽象的な質問も自ずと多くなるが、それでは答えづらいと言われることもある。そういう場合には、「それでは、交差点の様子はその後どうなったのですか？」とか、「その後、○○さんは××についてどうしたのですか？」などと質問の中に答えてほしい要素を加え、個別に質問するなどの工夫をすれば、たいていは答えを示さなくても回答できるようになる。回答しやすい質問を考えるのは、弁護士の力量である。

赤林弁護士: 　白森弁護士の意見は正論だが、実際に尋問予定者からどのように証言したらよいのかと質問されると、そもそも証人になることを無理を押してお願いしているような場合などは特に、非常に断りづらい。現に「サービスが悪い」と言われたこともある。最初の打合せの前に回答の案を見せるのは避けるべきだが、その後に求められた場合、あくまでも回答の一案として、やむを得ず渡してしまうことがあることは否定できない。

緑木弁護士: 　私は、白森弁護士の意見を聞くまでは、自分の手控えである回答案付の詳細な尋問事項書の案を、準備段階で渡してしまっていた。その結果、法廷での主尋問の際に「何と答えた方がいいのでしょうか」などと言われ、大変な恥をかいたことがある。今後は絶対に準備段階では回答案を渡さないように注意したいと思う。

現場力の Essence

■ 主尋問の打合せが可能な場合には、十分にリハーサルをして備える。尋問予定者は本番では緊張してしまうものと心得るべきである

■ 「この点はよく覚えていないのですが」という反応に対しては、偽証のそそのかしと評価されないよう、本人の記憶喚起を促す対応を心がける

■ 証人汚染をしないよう、詳細な尋問事項書を共有するときは、十二分に注意する

■ 尋問事項書に記載のない事項を尋問するときは、追加の尋問事項書をあらかじめ提出するようにする

Scene iii 尋問をする

Prologue

　Q弁護士は、何度か打合せを重ねて訪ねてみたものの、やはり目撃者の農家の人は、どうしても事故の瞬間のことは思い出せないという。見ていないという人に対して、見たという前提で証言してもらうことはできないので、証言では、交差点における通常の交通量と当日の事故前後の様子についての尋問にとどめたいと思うが、どんな尋問をするべきだろうか。

1. 尋問の留意点は

(1) 獲得目標を意識する

　尋問においては、当該証人等に対してどのような事実について証言等をしてもらうのか、その証言等は争いのある事実の認定についてどのような意味があるのか、すなわち獲得目標を十分に意識しなければなりません。目的意識のない尋問は、いたずらに時間を浪費し、裁判所にもなぜその尋問をしているのか伝わらないことになり、意味がありません。また、答えの予測できない尋問は、原則としてすべきではありません。事前に打合せをして準備をしている主尋問では当然ですが、反対尋問についても、答えが予測できない尋問は、敵性証人が証人自身の都合のよいように証言することを誘発することになり、依頼者にとって不利な結果を招きかねません。十分注意するようにしましょう。

(2) 尋問調書を意識する

　尋問をする際には、常に尋問調書になることを意識する必要があります。

Act V　証人尋問の場面にて

質問に対し、よい答えが引き出せたとしても、それが尋問調書にうまく記載されていなければ、証拠としての価値はゼロに等しいものになってしまいます。

ア．図面や証拠を示すときは

　図面や証拠を証人等に示すとき、「ここに○○と書いてありますが、どういう意味ですか？」と質問したり、質問に対して証人等が「この点よりももう少し上のあたりです」と答える場合があります。しかし、これでは尋問調書になったとき、質問や回答の内容が全くわからないことになってしまいます。「ここ」「この点」「あたり」などという指示代名詞については、正確に「甲○号証の××と書かれているページの上から△行目です」とか「乙○号証の三角印が書かれている点から××センチメートル上」といったように、図面や証拠上、質問で示した場所や回答者が示した場所を、言葉で言い表しておく必要があります。この点は、裁判官からも注意がされることがありますが、あらかじめ頭に入れて尋問するようにしたいものです。

　また、図面や証拠上、指し示す位置の特定が難しい場合は、図面や証拠で指し示す予定の位置に何らかの印を付けたものをあらかじめ用意しておき、尋問でその印を明示した上で、当該印のある図面や証拠の写しを尋問調書に添付することを求める場合もあります。場合によっては、当該図面等を「後に提出する甲○号証を示す」と言って示して尋問する場合もあります。その場合、証拠調べを経ていない図面等を示す場合には、相手方に閲覧の機会を与える必要があります（民訴規則116条2項）。

イ．身振り手振りを交えたいときは

　身振り手振りもその態様によっては重要な意味を持つことがあります。そのような場合は、尋問調書への記載に工夫が必要です。たとえば、実際に尋問の場で証人等に動いてもらった上で「いま証人は、右手を上に掲げた上で、人差し指と中指を立てる仕草をしましたね」と指摘し、仕草を言葉に言い表した上で「はい」と回答してもらうといった対応が必要になり

ます。

　ある先輩弁護士から聞いた話ですが、証人が両手をひろげて「このくらいです」と証言したとき、「そのままにして！」と言って持ってきたメジャーで長さを計り、「40センチですか」と質問した弁護士がいたそうです。その証人は「いや、もっとあったかな」と証言し、最後はボロボロになったそうです。

ウ．質問に対して発声をしないときは
　特に反対尋問で誘導尋問を重ねていく場合に、「はい」「いいえ」などの発声をきちんとせず、ただうなずいたり首を横に振ったりするだけで終わることがあります。また、不快感を表情で表現したりするようなこともあります。そのようなとき、証人等の回答が済んだ雰囲気になってしまい、先の質問へ進んでしまう場合が少なくありません。しかし、これは非常に危険です。

　私は、反対尋問で、こちらが「はい」と答えてほしい質問に対してずっとうなずき続ける敵性証人を前に、調子に乗って発声を求めずにどんどん質問を続けた結果、ひたすら自分が質問し続けているだけで証人の欄には「・・・」という記載しかされていない、あるいは、非常に長い質問に対して答えがないままに、しばらく経って「はい」と言っただけ、という記載になった尋問調書ができ上がり、愕然とした経験があります。単にうなづくだけの証人には、「録音をしていますので、きちんと『はい』と答えてください」と発言して回答を促すとか、発声があるまで次の質問をしないといった工夫が必要です。また、敵性証人等が答えに窮した場合には、それで安心するのではなく、「はい、いいえのいずれかを言葉で言ってください」とか「黙して語らずと調書に残してください」と言って、答えに窮したことを記録にとどめる工夫が必要です。

2. 主尋問をする
(1) 誘導質問は避けてオープンクエッションを意識する
　尋問の申出をした当事者による尋問が、主尋問です（民訴規則113条

1項)。尋問のルールについて、民事訴訟規則ではあまり詳しく規定がありませんが、刑事訴訟規則には詳細な規定があり、民事訴訟でも参考になります。

民訴規則115条2項には、当事者がしてはならないとされる質問が列挙されていますが、そこでは、正当な理由がある場合を除き、誘導質問をしてはならないことになっています（同項2号）。他方、刑事訴訟規則199条の3第3項では、主尋問では誘導尋問をしてはならないとされている一方、同項ただし書で主尋問において誘導尋問をすることができる場合が明定されており、これらの規定は民事の尋問においても大いに参考になります。民事において誘導尋問をする正当な理由があるか否かは、当該刑事訴訟規則の条文を参考にするとよいでしょう。なお、刑事訴訟規則199条の4第3項では、反対尋問においては、必要があるときは誘導尋問をすることができると明記されています。

誘導質問とは、「はい」か「いいえ」で答えられる質問のことをいいます。「あなたは今朝、何を食べましたか？」という質問はオープンクエッションであり、誘導質問ではありませんが、「あなたは今朝、パンを食べましたね？」という質問はもちろん、「あなたは今朝、パンを食べましたか？」という質問も、誘導質問ですので、誤解のないようにしましょう。

以上のとおり、法令上そもそも誘導質問が認められない場合もありますが、事実上も、主尋問は、証人や供述者に生の事実を迫真をもって語らせたい場合が多いはずです。そのような場合に誘導質問を多用すると、質問者である代理人が勝手に続けざまに言いたいことを、ただ質問の形で言っているだけという印象を与えてしまい、証言の信用性が著しく減退してしまいます。

(2) どうやって尋問事項を組み立てるか

主尋問で最も効果的な質問は、「その後どうしましたか？」「それでどうなりましたか？」とオープンクエッションを続け、証人や供述者にストーリーを語ってもらう質問だとの意見があり、私も基本的には賛成です。しかし、証人によっては、それではなかなかうまく答えてもらえないという

こともあります。引き出したい回答が得られないからといって、聞き方を変えながら聞いていたら誘導質問を繰り返していたということもよくあります。

　主尋問の強みは、何よりも何度も練習を重ねることができることです。証人や供述者が質問にうまく答えられないかどうかは、ある程度はリハーサルで見えてくるはずですから、リハーサルで言葉に詰まった場合には、間に誘導質問を入れて次の質問がどの分野の質問なのかが相手に伝わりやすいようにし、証人や供述者に何を答えるべきか思い出してもらえるよう工夫することも大切です。

　また、主尋問では、証人や供述者に、論理矛盾をきたすことなく、自身が体験したストーリーを流れに合わせて語ってもらうよう意識することが大切です。基本的には、時系列を意識しつつ、要証事実との関係で何を立証したいのかを明確にし、主要事実、間接事実ごとに整理して聞くように心がけることが大切です。ある弁護士は、尋問を始める前に、あらかじめ作成しておいた自分用の時系列表（年表）を机の上に置いておくということです。「あの２つの事実はどちらが先だったっけ」という疑問がすぐに解決するようにするためだそうです。

　一般的な尋問の流れとしては、陳述書の署名押印の確認からはじめ、証人や供述者の属性、経歴などを誘導質問で簡単に済ませ、時系列に沿って徐々に立証したい事実に入っていき、核心的なところをしっかりとオープンクエッションで聞くように質問を組み立てていきます。前述のとおり、リハーサルで証人や供述者が言葉に詰まったようなところは、核心的なオープンクエッションの前にテーマを確認したり、記憶の喚起に資するような誘導質問を入れ、次の質問に答えやすい環境づくりをしていきましょう。

3. 反対尋問をする
(1) ホームランを目指さない
　尋問の申出をした当事者の相手方による尋問が反対尋問です（民訴規則113条１項）。主尋問終了後に行われる反対尋問において、主尋問で話さ

れたことを撤回したり大幅に修正するような回答が得られる可能性は、まずないと言ってよいと思います。敵性証人や相手方が訴訟の帰趨に関わる事実について「申し訳ありません。間違っていました」と言うことはまずありませんし、「先ほど言ったことは記憶違いですから撤回します」ということもまずありません。反対尋問において証言等の矛盾点をうまくつけば、証人等は屈服すると思うのは誤りです。事実認定の判断をするのはあくまでも裁判官ですから、その場で矛盾点に裁判官が気付けばよしとし、その場で矛盾に気付いてもらえなくても、後にそれを指摘する書面を提出する機会を作り、そこで裁判官に分かってもらえばよいのですから、法廷でホームランを目指す必要はありません。ホームランではなく、相手の矛盾をあぶり出すようなヒットをたくさん打つという姿勢で証人尋問に臨むべきだといえます。

(2) 反対尋問の準備をする

当然のことながら、反対尋問は、リハーサルをすることができません。リハーサルができないとしても、どのような回答が出てくるかは、陳述書やそれまでの準備書面における主張等から予想がつくはずです。客観的証拠や陳述書における矛盾を探し、答えを予想しながら効果的な質問を用意します。予想される答えが一つになるとは限りませんので、そのような場合には、考えられる答えごとに樹形図のように次の質問を準備しておきます。ある先輩弁護士は、それまでに提出された書証や準備書面の内容を詳細に検討して矛盾をあぶり出すことができる可能性のある反対尋問事項を書き出しておき、主尋問を聞いている際に、不要となった尋問事項を消し、新たに尋問しようと思う事項を加筆していくのだそうです。そのために、尋問事項ごとに、下の1行を空けておくのだそうです。

(3) 反対尋問の実際は

前述のとおり、民事訴訟規則では、正当な理由がある場合を除き、誘導質問をしてはならないことになっています(民訴規則115条2項2号)が、刑事訴訟規則199条の4第3項では、反対尋問においては、必要がある

ときは、誘導尋問をすることができると明記されています。民事訴訟においても、反対尋問では誘導質問を使い、質問者である代理人が、証人や供述者の回答内容をできるだけ制御できるように心がけましょう。

よく主尋問の主役は証人や供述者であり、反対尋問の主役は代理人の弁護士であるといわれます。裁判員裁判では、主尋問は弁護人の自席で行って証人や供述者を目立たせるようにし、反対尋問では証人や供述者の前まで出ていって、弁護人が裁判員の目線に入るように心がけるといった工夫をする人もいるようです。裁判官のみが判断をする民事訴訟の尋問でそこまでするかは考え方次第ですが、尋問における主役が誰なのかという基本的なスタンスは参考にするとよいでしょう。

反対尋問では誘導尋問（それも、ひっかけ尋問や意地悪質問が主となります）を主体として質問を組み立てていくことになりますから、証人や供述者の答えは、自ずと「はい」「いいえ」が続く場面が多くなります。しかし、前述のとおり、きちんと「はい」と発声させないと、尋問調書ではうまく表現されませんので、十分に注意しましょう。また、前述のとおり、敵性証人が尋問の場で間違いを認める可能性はほとんどありませんから、間違いを認めさせることを目標にするのではなく、答えが他の客観的証拠や争いのない事実と矛盾していることを示せれば、わかりやすくいうと、しどろもどろにさせれば、反対尋問は成功です。

「証人は、先ほど○○と証言しましたが、本当は××ということではありませんか」という反対尋問をときたま見受けますが、「そうでした。前の証言を撤回します」などと言ってくれる証人は絶対にいないと言ってよく、逆に、「違います。真実は先ほど証言したように○○ということで間違いありません」というダメ押しの証言を引き出すだけになりますので、反対尋問としてはレベルが低い尋問というべきです。

(4) 反対尋問の留意点は

反対尋問をするときの留意点をまとめると、次のようになります。

ア．周りの事実から聞いていき徐々に核心に入っていく

いきなり核心をつく質問をすれば、相手は質問の意図に気付いてしまいます。最初は、答えがほとんど予測できるような周辺事情から聞いていき、徐々に核心に入っていくようにします。

イ．矛盾をあぶり出すべきテーマごとに質問をする

反対尋問は、相手の証言の証明力を減殺させることが目標ですので、時系列や要証事実をそれほど意識する必要はありません。矛盾点と思われる点ごとにテーマと目標を決めて質問をしていきます。また、質問内容について、相手に予測する機会を与える必要はありませんから、主尋問のときのように、「次は何々について質問します」などとわざわざ前置きをする必要はありませんし、すべきでもありません。

ウ．想定外の答えが出てきたときは落ち着いて考える

できるだけ答えを予想して質問を組み立てていても、どうしても想定外の答えが出てくることがあります。想定していた答えを前提に次の質問を組み立てていたのに、それ以降の質問が成り立たないというようなこともあります。そのような場合には、無理に続けたりはせずに、その場で時間をおいて落ち着いて考え、軌道修正が可能であれば軌道修正をしますが、難しいようであれば勇気をもってそのテーマの質問を打ち切ることも重要です。

想定外の答えを前提に質問を続けると、逆に主尋問の上塗りになり、主尋問の答えの信用力を増すだけになってしまうということもあります。法廷において沈黙することを嫌う弁護士もいますが、反対尋問のときには、落ち着いて時間をおいて考えることも重要です。

エ．うまくいったと思ったらそこでやめる

　陳述書や客観的証拠を示して矛盾点をつき、矛盾を浮き彫りにした後、さらにその点を攻めるという弁護士もいるようですが、私は矛盾が浮き彫りにできたらそこでやめるようにしています。反対尋問で「それはなぜですか？」と理由を最後に聞く人もいますが、そうすると必ず失敗するという人もいます。

● Intermezzo　　　　　　　　　　　　　　異論・反論付

反対尋問の収め方

　反対尋問はうまくいくととても気分がいい。攻めるべき場所が見つかるとどんどん攻めたくなるが、果たしてどこまで攻めるのが一般的だろうか。

白森弁護士

　反対尋問で陳述書や客観的証拠と矛盾する証言や供述が引き出せたら、その点は徹底的に攻めるべきである。特に相手方本人の反対尋問については、その後の和解交渉を有利に進めるためにも、尋問では徹底的に攻め切ることにしている。

赤林弁護士

　反対尋問の目的は、敵性証人や相手方本人の証言や供述の証明力の減殺にある。その場で矛盾を認める者はまずいないし、質問と答えをさらに重ねれば、当初矛盾していた答えでも矛盾しない説明ができてしまうこともある。矛盾した答えを引き出せたら、それ以上の深追いはしないのが、反対尋問のセオリーである。

緑木弁護士

　赤林弁護士に賛成である。矛盾した答えについて、「どうしてこんなことになっているのですか？」といった更問をする弁護士もいるようだが、「どうして？」という質問に対して理由を説明されてしまっては、せっかくの矛盾も台無しになってしまう。場合によって、証人や供述者が頼みもしないのに説明をし始めようとしたら、止めることもある。

現場力のEssence

■ 尋問の際には尋問調書を十分に意識する。指示代名詞には注意する

■ 主尋問は、証人や供述者と十分にリハーサルをする

■ 主尋問では、証言や供述の核心部分はオープンクエッションで語らせる

■ 反対尋問は、証人や供述者の回答を予測しながら、質問の流れのパターンを事前に準備する。場合によっては樹形図を作成し、現場に持ち込む

■ 反対尋問の主役は代理人と心得て、誘導尋問を適宜利用する

■ 反対尋問は、深追いをしない。ホームランを目指さず、ヒットをたくさん打つ

■ 証人をしどろもどろにさせれば反対尋問は成功である

Scene iv 尋問調書を取り寄せる

Prologue

何とか尋問は終了し、裁判所から和解勧試があった。Q弁護士は、尋問結果を踏まえ、最終準備書面を作成しようと考えていたが、裁判官からは、まずは和解の期日を進めるので準備書面は必ずしも必要ないという。はたして尋問調書を取り寄せるべきだろうか

 現場力

1. 尋問調書は必須ではない

　一般に、裁判官は、尋問前に双方の主張書面の主張を踏まえ、書証で一定の心証を得ていることが多いといわれています。人証調べの段階では、裁判官は人証調べの目的を明確に意識しており、人証調べで心証を得ようとする事実は絞られているといいます。もちろん、すべての事件でそのような対応が可能なわけではないと思われますが、裁判官の心証形成の一般的プロセスを前提にすれば、人証調べの目的は限定的ということになりますので、裁判所としては、人証調べ後にすぐ和解勧試が可能になります。

　人証調べの目的が限定的である事例においては、裁判所にとって、尋問の結果に基づく当事者の主張はある程度予測できていることがほとんどですから、改めて最終準備書面の提出を求め、当事者の最終的な主張を把握する必要性はあまり大きいものではないといえます。そのような場合、謄写費用が必ずしも低額ではない中で、尋問調書の謄写申請をしなくてよい場合もあると思われます。ただ、和解が必ず成立するとは限りませんから、和解が不成立になったときに、その時点で改めて尋問調書の謄写申請をしていると、結局最終準備書面を作成することになったときに四苦八苦する

ことになります。また、和解不成立となれば、最終準備書面の提出の機会を与えずに、直ちに判決言渡日を指定する裁判官もいますから、最終準備書面作成のために確保できる時間はさほど長くないこともしばしばです。和解成立の見込みがかなり高いときを除けば、原則としては尋問調書の謄写申請をしておいた方が無難だといえます。

　また、尋問の結果を気にする当事者もいますので、そういう人のためには、早く尋問調書を取り寄せて示しておくことが求められるでしょう。

　ケース・バイ・ケースですが、事案によって尋問調書を取らなくてもよい場合もあることを頭に入れておくとよいでしょう。

2. 最終準備書面を提出するか

　前述した一般的な裁判官の心証形成のプロセスを前提にした場合、人証調べが終われば、その時点で裁判官は心証を得ているということになります。そのような前提のもと、最近は、尋問手続終了後、最終準備書面提出のための期日を設けずに、すぐに弁論を終結するという訴訟指揮も多くなっているようです。その場合でも、事実上の書面提出は認められることが多いでしょうが（裁判官は「陳述扱いにはなりませんが、事実上読んでおくことにします」などといいます）、反対尋問で矛盾点をあぶり出すことに成功する可能性があって、最終準備書面の提出が訴訟の帰趨に重要な位置付けとなるような事件では、事前に最終準備書面提出の機会が与えられるかを裁判所に確認しておいた方がよいでしょう。

　なお、最終準備書面は、敗訴した場合に、依頼者に対する説明材料にすることが期待できます。敗訴判決に接して落胆する依頼者に対して、代理人としては、証人尋問の結果を子細に分析し、詳細な最終準備書面を提出したことを示した上で、依頼者と今後の方針を検討することになります。

［関　理秀］

Act V 証人尋問の場面にて

現場力のEssence

■ 和解成立の見込みが高いときを除き、尋問調書は取り寄せる

■ 最終準備書面は、敗訴したときに依頼者の説明材料になる

Act VI

和解の場面にて

Act VI　和解の場面にて

Monologue

　Q弁護士は、事務所の顧問先であるX社の代表者A（原告）が、取引先のY社の代表者B（被告）に対して500万円を貸し付けたと主張する貸金返還請求事件を担当している。その訴訟において、当初Bは、金を借りたのではなくもらったのだと主張していたが、Aの携帯電話に、「今後返していきたい」とBがお金を借りていることを認めている内容の会話録音が残っていたことから、それを反訳書とともに証拠提出した。もっとも、Bの様子では、借家住まいで資産も乏しいようである。

　訴訟は、前回期日から弁論準備期日になり、Q弁護士は、裁判官から、「原告側に和解をする考えはあるか、和解ができる可能性があるなら和解案を検討するように」と言われた。Q弁護士は、Aと和解協議を進めるにあたり、どう説明すればよいのか、また、裁判所や被告Bとの関係で訴訟をどのように進めていくのがよいのか、悩んでいる。

　Aは、委任したときから、強硬な態度で「Q先生、絶対に完全勝訴してください」と言っている。裁判所は、ブラフかもしれないけれど、契約書や借用書を作成しなかったAの側にも落ち度があるような話もしている。

Scene i　和解にどう臨むか

Prologue

　被告Bの代理人弁護士は、かなり強硬である。書面だけならまだしも、弁論準備期日においてもこちらに対し「そもそも貸し付けの証拠なんてあるんですか」と嫌みばかりを言う。Q弁護士が証拠の録音反訳を提出したときも、「そんなものを隠し持っていたのですか」と怒っている。Q弁護士としては、Bの資力を考えて、ある程度のところで和解したいと考えていたが、こんな代理人だとB本人に和解提案を正確に伝えてくれるのか、Bを説得をしてくれるのかも微妙である。

　裁判所の和解の話にどう対応したらよいのだろう。

現場力

1. 常に判決を見据える

　訴訟においては、早ければ訴状送達直後から、最後は判決が確定するまで、いつでも和解協議になり、和解が成立する可能性があります。和解が当初から無理な案件を除けば、自分から言い出さなくても、相手方からの申出や裁判所からの勧告に基づいて和解のテーブルに着かなければならないこともありますから、そのための準備をしておく必要があります。それと同時に、和解が成立しなかった場合に備えて引き続き勝訴判決を目指すための準備も継続しておかなければなりません。和解まであと少しというところで、どちらかの当事者が心変わりをして和解できなかったということはよくあるパターンです。

　また、和解交渉を開始した場合であっても、和解により裁判を長引かせないという注意が常に必要です。たとえば、建物明渡請求訴訟において、被告から「合理的な立退条件が決まればすぐに明け渡す」と言われて安心し、立退料、立退時期、延滞賃料の処理等をめぐって延々と和解期日を重ねることがありますが、最終的に和解交渉が決裂したときは、和解交渉のために費やした時間が長ければ長いほど依頼者の損害（たとえば、賃料相当損害金）が膨れていきます。そのようなとき、依頼者の中には「結局のところうまく賃借人にやられてしまいましたね」などと嫌みを言う人もいます。和解交渉をする際には、依頼者と協議して、あらかじめ交渉期間（たとえば、和解期日は3回までとか3か月以内とか）を設定しておくべきでしょう。また、弁護士としては、無駄を覚悟の上で和解決裂に備えた準備は続けておくべきです。ただ、和解交渉中に争点に関する準備書面を提出すると、裁判官や相手方代理人から「先生は和解をする気があるのですか」と質問されかねませんから、慎重にすべきでしょう。

2. 弁護士としての人格・品格を磨く

　平成28年度の全地方裁判所の民事訴訟終局事件のうち、判決となっ

Act Ⅵ　和解の場面にて

た事件は 61,323 件（うち欠席判決 24,463 件）、和解で終局した事件は 52,957 件（裁判所司法統計参照）でした。もともと和解になじまない事案もありますから、相手方が出席した裁判では、6 割近くが和解で終局するものと認められます。すなわち、民事訴訟となった多くの事件は、和解による解決となるか、いずれにせよ相手方と和解協議をする可能性が非常に高いわけです。

　このように、ほとんどの民事事件は和解で終局していますから、弁護士は、常に円満な早期の解決を目指して訴訟に臨み、時機が到来したと思えば紳士的（淑女的）に和解交渉をしていると思いがちですが、実際は、そんなことはありません。もちろん、私が今までに会った弁護士のほとんどは、冷静で紳士的ないし淑女的な対応をしていましたが、中には、常に喧嘩腰で、強硬かつ過激な書面を次々に提出し、和解でも同じような態度を貫いていた弁護士もいました。自分からは譲歩案を全く提示せずにこちらが譲歩してくるのをひたすら待ち続ける狡猾な弁護士、びっくりするような和解条件を出しそれを譲歩すると強弁して、結局は破格な和解条件を引き出す駆け引きのきつい弁護士もいます。このような弁護士がなぜそのような姿勢で和解に臨むのかは分かりませんが、一つにはその弁護士の資質もあるでしょうし、依頼者が大変きつい人なのかもしれません。しかし、弁護士は、あくまでも紛争を抱えた人の依頼を受け、その紛争を円満かつ早期に解決するのが仕事なのですから、紛争の当事者になってはいけないはずです。相手方弁護士との関係では、不必要な喧嘩はせず、丁寧な態度を取ることを心がけるべきでしょう。「あの先生が相手方になったのか。もう和解は無理だな」と言われないように、人格と品格を磨きたいものです。

　先輩から聞いた話ですが、ある弁護士が損害賠償事件を受任し、相手方の弁護士と裁判外で和解交渉をした際、「先生が代理人ならば安心だ。先生の提案する金額を支払うことにするから、遠慮せず請求してもらいたい。いくらですか」と言われたのだそうです。その弁護士は、「参った。ふっかける気なんか微塵もなくなった」と述懐したそうです。これこそ和解交渉の醍醐味ではないでしょうか。

和解の腕を磨くことは、自己の依頼者の納得をいかにして引き出せるか、相手方弁護士との信頼関係をいかにして作り上げるか、裁判官からの信頼をいかにして取り付けるかにあると思います。和解上手の弁護士は、訴訟を遂行させても見事な成果を得るといわれますが、ぜひ和解上手の弁護士になりたいものです。

3. 和解をゴールと見据えるか

　弁護士としては、事件受任時から、事件の見通しや妥当な落としどころについて常に検討すべきであり、訴訟においても進行内容に従ってさらにその確度を上げていく必要があります。その中で、訴訟が係属した後に、積極的に和解を進めるか、判決を取得することを目指すかについては、さまざまな考え方があります。次頁の［Intermezzo］をご参照ください。

現場力のEssence

- いつの時点でも和解の可能性と落としどころを考える

- 相手の訴訟引き延ばし作戦に乗らない

- 紳士淑女のスマートな和解交渉術を身につける

- 不必要なケンカはしない。紛争の当事者にはならない

- 和解に向けて依頼者の納得を引き出す

- 裁判所に丸投げせず、主体的に円満かつ早期に紛争解決していく姿勢を持つ

- 裁判官の信頼を取りつける

⊕ Intermezzo

異論・反論付

和解をゴールとすべきか

白森弁護士

　判決は、裁判所に判断を委ねることである。和解は、自分が考える妥当な紛争解決に向けて、動くものである。弁護士を喧嘩代行業のように捉えるべきではない。書面は強硬でも、相手方弁護士に対し不遜な態度を取るのは、言語道断である。常に受任事件を円満かつ早期に解決する姿勢を持つべきであり、裁判所に丸投げをして判決を取得するというのは、二つ目の手段として考えるべきである。
　民事裁判は、もちろん事案にもよるが、刑事事件とは異なり、本質的には裁判所に勝ち負けを委ねるだけのものではない。中立的第三者である裁判所の懐を借りながら、主体的に紛争を解決していく姿勢が重要である。和解は、長期的には依頼者にとって最良の利益になることも多い。

赤林弁護士

　依頼者の権利を最大限実現するという考え方が大事である。依頼者の正当な利益のためであれば最終的には喧嘩も辞さないという気迫を捨ててはならない。
　書面ではもちろん、期日においても、相手方弁護士とどうでもよい世間話をしたり、にこやかに談笑していたら、それを見た依頼者から「依頼した弁護士が相手方の弁護士とつるんでいる」との無用な誤解を招きかねない。もちろん、弁護士倫理にもとるような品位のない行動は避けるべきであるが、法律や弁護士倫理の範囲内で、とことん依頼者のために闘い、勝訴判決

を勝ち取ることこそが、弁護士の醍醐味であり、やりがいである。
　裁判所は和解を勧めてくることが多いが、こちらが勝ちそうな案件でも、かなりの譲歩を求められることが多い。そのような時間は無駄であり、事件の迅速な解決のためにも、早く判決を書いてほしいと思う。
　予想外の敗訴判決をもらったこともあるが、依頼者に対しては常にベストを尽くすと明言し、現実にも手抜きをした覚えがないから、敗訴であっても、依頼者から文句を言われたことはほとんどない。

緑木弁護士

　確かに、赤林弁護士の言うように、弁護士というのは依頼者に寄り添い、簡単に折れてはいけないものという気持ちがある。ただ、自分の経験では、裁判所があからさまに心証開示してくれない限り、判決がどちらに転ぶかわからないという不安が大きい。判決結果を見極める自信も今のところない。裁判官の中には、心証開示してくれる人もいるが、ポーカーフェイスを決め込む人もまだ多いように思う。
　そこで、私は、判決がどちらに転ぶか分からないというリスクを十分に伝え、でき得る限り依頼者の希望に添った和解を試み、相手方の理解が得られなければ裁判官に仲介を頼んで相手方を説得してくれるようにお願いし、それでも無理ならば判決を取得する。これを基本スタンスとしたい。

Act Ⅵ　和解の場面にて

Scene ii 依頼者に和解を説明する

Prologue

　Q弁護士は、裁判所から和解を勧試すると言われて、依頼者と和解条件に関する打合せをしようとしている。和解期日において、裁判官と原・被告代理人弁護士が交互に話をしたところ、裁判官からは、「消費貸借契約書も借用書もなく、録音も借り入れというよりむしろ贈与を前提にしたものと聞こえるのではないか」と当方に少し厳しいことも言われている。なかなか和解の進行がうまい裁判官なので、被告代理人にもある程度厳しいことを言ってくれているような気もするが。
　裁判官からは、「大体この辺りで和解してもらえるとよい」というようなニュアンスの話もあった。依頼者にどのように説明し、方針を定めればよいのだろうか。

 現場力

1. 事件の見通し、落としどころを再検証する

　まず、依頼者との打合せ前に、弁護士自身が、これまでの訴訟経緯からの事件の見通しと落としどころを再検証し、この条件・この金額であれば和解に応じた方が依頼者の利益になるか、仮に和解ができなかったときにはどういう判決結果になり、それが依頼者にとって利益になるかを検討することから始まります。ノープランで依頼者との打合せに臨むと、依頼者の信頼を損ねる事態になりかねません。
　逆に、さまざまな可能性を精緻に検証し、「和解か判決か、和解するとしてどのような内容かを検討しました。判決よりも和解の方があなたにとって有利な結果が予想されます。和解の内容としては、いろいろの要素

を勘案した結果、これかこれです」という道筋を示すことができれば、信頼関係が深まり、選択する結果に対する依頼者の納得感が増すことは明らかでしょう。

2. 依頼者と和解案を打ち合わせる

依頼者に対し、和解協議を進めることを納得してもらうためには、依頼者が一定の内容であれば和解に応じてもよいと考えることが必要です。依頼者が納得して和解に対する考えを形成するためには、まずは和解に関する利点と欠点について、弁護士からの十分な情報開示が必要です。一般的な和解の利点や欠点を挙げてみると、次のとおりです。

和解の利点
- 判決になると、当方の主張が全面的に認められるかわからないが、和解は自己のコントロールのもとに結論を出すことができる。
- 迅速な解決が実現できる。
- 紛争の蒸し返し（控訴や他の訴訟）を防止することができる。
- 訴訟で請求した事項以外の内容も盛り込むことができる。
- 双方の互譲による解決であるため、相手方から恨まれる可能性が低い。
- 判決より確実な条件を引き出すことができることがある。（次頁参照）

和解の欠点
- 依頼者が訴訟において明らかにしたいと考えていた事実について、裁判所による判断が示されないままに終わってしまう。
- 互譲しなければならないから、依頼者の利益を最大限に実現することにはならない。
- 依頼者に不満が残ることがある。

3. 依頼者を説得する

ほとんどの弁護士は、訴訟の遂行をしながらも、妥当な落としどころを考えています。そして、紛争の全体観や裁判所の対応などから、和解をす

Act VI　和解の場面にて

るのが長期的には依頼者の利益になると考える事案もたくさんあります。この場合に、弁護士は、依頼者のためにも、一定程度和解に向けての説得を試みる必要があります。弁護士としては、勝訴事案であり、判決を見てみたいと思うことがあるかもしれませんが、妥当な結果に落ち着けばよい、できる限り穏便にすませたいという依頼者も少なからずおり、弁護士の独断で和解の芽を摘み取るべきではありません。

　さて、依頼者への説得の仕方ですが、前述した和解の利点を十分に説明するとともに、和解をすることが結局は依頼者の利益になることを理解してもらうことに尽きます。依頼者を説得する技量は、一朝一夕に身につくものではないと思いますが、誠実に依頼者と向き合い、決して弁護士自身の打算に基づいているわけではないことを真摯に訴えれば、よほど頑迷固陋な依頼者でない限り、心が動くはずです。

　たとえば、金銭請求訴訟において、相手方である被告にどうも資力がなさそうであるとします。その場合、「500万円を支払え」という判決を取得するより、「500万円の支払義務があるが、月額5万円を60回支払ってくれれば、残債務を免除するし、支払を怠れば期限の利益を喪失し、500万円から既払額を差し引いた全額にペナルティーの遅延損害金を付加して支払わなければならない」という内容の和解をした方が、回収可能性が高いことが多いといってよいでしょう。資金のない相手方に対して判決に基づく強制執行を波状的に繰り返す方法は、骨折り損のくたびれ儲けに終わることがほとんどではないでしょうか。

　ともあれ、和解の説得において一番重要なのは、「最後は依頼者が決める」ことです。和解においては依頼者が一定程度譲歩することになるのですから、依頼者を強引に説得したり、説明を尽くさないままに和解をさせようとすると、依頼者の納得感が得られず、「先生はどちらの味方なんですか」と言われるなど依頼者からの信頼を失いかねません。私は経験していませんが、裁判官から「裁判所の説得によって相手方が和解する気になった。気が変わらないうちに和解を成立させましょう」と言われて焦って和解したものの、後日依頼者から和解しなければよかったと文句を言われた経験をした弁護士がいたそうです。焦ってはいけません。

4. 依頼者からバッファをもらう

　和解交渉においては、一方の当初案で和解がまとまるというより、双方が和解案を出し合い、互いの意見を徐々に集約していくことが多いといえます。そうだとすると、依頼者からは、当初の提案から最終的な落としどころまで、ある程度和解条件のバッファをもらってから交渉をするのが効率的であるといえます。もちろん、期日ごとあるいは進捗があるごとに依頼者に対しては和解協議の内容を報告すべきですが、バッファをもらいある程度見通しを伝えておけば、見通しの範囲内ということで、依頼者も最後は快く和解に応じてくれる可能性が高まります。

　もっとも、依頼者の中には、最初から弁護士に和解のバッファを持たせることに抵抗がある人もいます。この場合は、打合せ回数を重ねて、徐々に説得をすることになります。

現場力のEssence

■ 打合せ前に、事件の見通し・落としどころの再検証を怠らない

■ 利点に欠点、十分な情報公開をする

■ 譲歩した方が依頼者の利益につながることもある

■ 自分が判決を見たいばかりに和解の芽を摘み取らない

■ 最後は依頼者が和解を決める

■ 見通しを伝えてバッファをもらって交渉すると依頼者の納得感が高まる

Act Ⅵ　和解の場面にて

Scene iii　和解の申出をする

Prologue

　Q弁護士は、裁判官から、「まずは原告の方（当方）から和解条件を出してもらえますか」と言われた。そこで、依頼者に対し、弁論準備期日の経過を報告するとともに、いくらなら和解してもよいか、初回の和解案としてどの程度まで被告に提示してよいかを相談することとした。すると、依頼者は、「自分から先に譲ると、裁判所に当方不利な印象を与えてしまうのではないか。まずは相手方がどんな和解条件を提示するのかを見極めることとしたい」と言い出した。
　和解交渉に駆け引きは不可避であるが、和解条件はどちらからどのタイミングで出すのがよいのだろうか。

 現場力

1．和解交渉を始める端緒を作る

　多くの場合は、裁判所から「互いの主張・反論を続けつつも、和解の可能性についても検討してください」と言われてから、和解の協議に入ります。
　ベテラン弁護士の中には、相手方が書面で強硬な姿勢を示し、自分もそれにつられて強い調子の書面を提出している事件について、裁判所が和解の可能性について気付いてくれない場合、口頭弁論期日が終わった後に、立会書記官に聞こえるように、「適当なところで和解ができるといいんだけどね」と独り言を言って、和解勧試の端緒にする人がいるそうです。

2. 相手方から提案させるか、当方から提案するか

　依頼者が、ある程度和解に積極的な場合は、法廷の弁論の適当なところを見計らって「本件については、和解によって解決したいと考えています。ついては、裁判所から和解勧告をいただきたい」と述べ、自分の方から和解の提案をするのがよいでしょう。そして、和解の第1案は、それから続く和解協議の最初の出発点となります。相手方の提案する和解案が既定路線化されないようにするためにも、第1案としての和解案（請求の趣旨に記載のない条件も含めて）をよく練って、提示したいものです。

　ただ、依頼者が「相手方が先に譲る姿勢を見せない限り、和解に応じたくない」と言って、先に和解を提案するのを嫌がる場合があります。そのような場合は、相手方および裁判所の様子を見ながら、次のような方針を採ることが考えられます。

① 　相手方弁護士がある程度バランス感覚があり、相手方本人に対する説得力もありそうな場合
　　→ぜひ相手方からの提案を待つのがよいと思われます。
② 　裁判所がかなり当方の主張に沿った考え方をしていると思われる場合
　　→できれば当方から和解の提案をしたいところですが、依頼者がどうしてもNGとしていれば、それに従うことになります。相手方の提案後であっても、裁判所の心証が一気に変化することはあまりないと思います。

　以上に該当しない場合は、当方から先に和解案を提案することについて、依頼者の説得しがいがある場合といえます。先に提案することによって、和解協議の主導権を握ることができる可能性も一定程度見込まれますから、依頼者とよく協議する必要があります。

　前述したとおり、和解内容は請求の趣旨のみに限られるわけではありません。たとえば、和解にあたり周辺事項を定める覚書を締結し、和解調書に添付してもらうことや、和解条項を正当な理由なく口外しないことを約

束させることもできます。紛争の一回的解決のために、そのような選択肢も十分検討し、依頼者に提示したいものです。

3. 裁判所案を受ける

どちらかの当事者本人がなかなか弁護士の説得に応じてくれなさそうな場合やこちらから和解の提案をしたくない場合には、裁判所の力を借りて、裁判所案として和解案を出してもらうこともあります。裁判所案を出すことを嫌がる裁判官も一定程度いますが、証人尋問の後など裁判所が和解の気運が高まったと考えるときは、比較的積極的に試みてもらえることが多いといえます。

もちろん、自分の依頼者にとって「えーっ！？」という内容の裁判所案が出てくることもありますので、当方に有利な心証を持っている可能性が高い場合、当方が完全に敗訴することが明らかな場合は、裁判所の和解案を示してもらう方法を積極的に検討してよいと思いますが、藪をつついて蛇を出すことにはくれぐれも注意すべきです。

現場力のEssence

■ 独り言が和解の端緒になることもある

■ 既定路線化を狙い、和解の第1案はこちらから出す

■ 依頼者が先に提案をすることを嫌がったときの対処は慎重にする

■ 請求の趣旨に限らず、紛争の一回的解決につながる条項を盛り込む

■ 裁判所和解案をもらうかは、裁判所の心証次第となる

■ 和解条項の最終案は書面でやりとりする

⊕ Intermezzo

異論・反論付

和解案の申出は書面によるか

白森弁護士

複雑な和解条項の場合は書面でもよいが、実質的に2、3項程度の和解の場合、たとえば、金銭の分割支払の和解交渉では、分割金の額と分割回数が争点であるから、その内容がある程度が詰まるまで、口頭でよいと考えている。

主張書面等に和解の申出の内容が記載されると、和解が整わずに判決をもらうことになった場合、弱腰の姿勢を裁判所に見せたことが明確に残るため、気分がよくない。

赤林弁護士

できる限り書面ですべきである。

ある程度典型的な訴訟（たとえば、過払金請求）であっても、和解額の計算根拠を示した和解提案書を提出した方が裁判所の覚えもめでたいように感じる。また、いくつか争点があり、どちらの主張が認められるかで判決の金額が変わる場合、場合分けによる総論が書面にまとめられ可視化されれば、裁判所も今後その書面を見ながら和解の勧試をすることになるだろう。

書面によらなくても裁判所の記録には和解の過程は残るのだし、書面にすれば後から言った・言わないの話にもならない。主張書面に記載するのが憚られるときは、「事務連絡」として裁判所と相手方に書面で送ることもある。

なお、離婚訴訟では、財産分与の額、養育費の額、

慰謝料の額をブランクにした和解案の書面を送るようにしている。これにより合意事項が明確になり、依頼者と打合せをするときもスムーズに進めることができる。和解条項案に「慰謝料として」と書いたら「解決金」「和解金」にしてほしいと言われ、そのように改めたことがある。

緑木弁護士

　本当は書面で和解提案したいという気持ちがあるが、書面にすると、裁判所がなかなか提案の撤回を許してくれなさそうで怖い。いつ依頼者が心変わりをするかもわからないし、和解協議は、最終的な詰めの作業に入るまでは、ぼやっとした感じに抑えておきたい。
　ただ、双方が書面での和解に関するやりとりをしなかった事案で、裁判所の和解調書に合意内容とは違う金額を記載されたことがある。その補正をしてもらうために大変苦労した。最終案は、少なくとも書面の方がよいのではないかと思う。

Scene iv 裁判所で和解交渉をする

Prologue

いよいよ裁判所における本格的な和解交渉が始まった。裁判所から、「まずは別々に話を聞きましょう」と言われて緊張感が増す。現時点では、依頼者から、最終的には 300 万円を一括返済させるという内容であれば和解してもよいこと、今回の期日では、とりあえず 100 万円を減額した 400 万円までの提案をしてもよいことを取り付けている。最初の提案を 430 万円とするか、それとも 400 万円とするか。

裁判官の顔色を見ながら、和解交渉の始まりである。

1. 最初から落としどころを言うか

裁判所から別々に話を聞くと言われて、一番最初に和解室で和解の考え方を尋ねられたとき、和解案についてどこまで言うかは、難しいところです。この内容でないと絶対に和解できないという事案であれば、最初からそのように伝えるのがよいと思います。和解協議によりいたずらに判決を先延ばしにしないためです。

これに対し、ある程度バッファをもらっている場合や依頼者を相当程度説得できそうな場合については、最初は「適当な範囲であれば譲歩するが、許容範囲を超えるならば判決をしていただくことにしたい」という姿勢を裁判官に見せつつ、相手方の考え方を 1 回以上聞いたところで、裁判所に落としどころを開示することを検討するというのでもよいのではないかと考えます。ただ、裁判官の中には、「裁判官を手玉にとるのか」というような印象を持つ人もいないわけではないので、注意が必要です。

2. 裁判所を説得する

　裁判官に対してこちらの提案を告げる際は、事前に口頭で当方の主張（特に強調したい点）をかみくだいて伝える練習をしてから臨むのがよいと思います。私は、裁判官に最初の和解案を示すとき、どのように言えばよいのかを考え、話す内容を準備してから和解の席に臨むようにしています。

　また、当方の和解案の理由について、説得的な理由、特に裁判所が相手方を説得しやすくなるような理由付けをいくつも考えてから臨むと、こちらの案に引き寄せた和解ができる可能性が少し広がるかもしれません。たとえば、「相手方から○○という和解案が出るであろうと予想し、これも検討してきましたが、○○という理由で受け入れることはできません。こちらの和解案は、○○や○○の点も十分に検討した結果です。相手方にとっても、○○、○○の点で利点があります。いわば掛け値なしの案と受け取っていただいて結構です」というようなことです。

　弁護士が、和解交渉を続けながらも、妥当なところで和解できない場合は判決となっても仕方がないという視点を持っているときは、そのような考えを裁判所に早期に知らせるか、言外にわかってもらう必要があると考えます。譲歩や依頼者説得の姿勢は見せるものの、あまりに依頼者に対する説得ができるように見えてしまうと、さらなる譲歩を迫られる場合もあるからです。単なるお人好しでは、依頼者の利益につながりません。

3. 相手方にどのような姿勢を取るか

　相手方本人が和解の期日に出頭しているとき、弁護士が取るべき態度は、相手方弁護士に対するよりさらに慎重さが要求されます。相手方本人の感情を刺激するような言葉や態度を不注意にも取ってしまったときは、譲歩を引き出せなくなり、和解の芽を摘んでしまうからです。

　また、金銭請求訴訟において、被告が「資金がないから支払えない」と言うときが多々あります。もちろんその言い訳を鵜呑みにすべきではなく、できる限り被告の財産状況について調査をするべきですが（たとえば、相手方の住所にある不動産の所有者や担保状況の調査はマストでしょう）、それでも被告に財産が見当たらなかった場合は、和解条項において、被告

に対して現時点で資力がないことを表明保証させることも一考に値します。

　また、依頼者が金銭を支払う側で、かつ十分な資力がない場合もありますが、そのような場合の工夫としては、支払総額を減額した上で分割弁済をする和解を試みつつ、分割支払期間に前倒しで一括支払ができた場合には債務の一部を免除してもらうなど、和解条項を工夫して交渉してみるとよいでしょう。

現場力のEssence

■ 相手の考えを聞いてから裁判所に落としどころを言う

■ リハーサルをして和解期日に臨む

■ 裁判所が相手方を説得するための理由も用意する

■ あまりにお人好しだと、さらなる譲歩を迫られる

■ 相手方の資力を十分調査する

■ 相手方のメリットにもなるような和解条項を工夫して交渉する

■ 最初の案と最終案の差は、最初の案の3割までに収める

■ 裁判所と相手方の顔色を読んで提案する

⊕ Intermezzo

異論・反論付

和解交渉の際にかけひきするか

白森弁護士

　ある程度時間をかければ、相手方がさらに譲歩してくれる可能性もある。したがって、相手方にとってかなり厳しい内容の提案から始め、徐々に譲歩する姿勢を見せるなどしてかけひきをするのが、依頼者のためにもなるし、和解の醍醐味といえる。
　ただ、最初の提案と最終的な和解とで倍以上の差はつかないように気を付けている。できれば3割程度か。あまりにかけ離れた提案をすると、裁判所や相手方に失礼であると考えている。

赤林弁護士

　和解は、長くても2、3回の期日で成立させるか不成立とさせたい。そのようにするためには、最初に現実味のない和解提案をしても意味がない。最終的な落としどころをいきなり言わないにしても、2段階程度の提案にとどめ、迅速な事案の解決に努めることにしている。
　また、提案する際には、たたみかけるように、自己の和解案の理由や、裁判所に相手方を説得してもらうための理由付けを説明し、裁判所に早期解決を促すようにしている。

緑木弁護士

　裁判所の顔色を読み、相手方の出方を見て決める。依頼者には、初回提案内容を2、3パターンくらい事前に承諾してもらい、裁判所が早く進めてほしそうだったら、早めに落としどころに近い内容を提示する。
　もっとも、相手方が全く譲らないタイプだと、こちらの譲り損みたいになってしまうので、こちらが先に提案する場合は「最終案ではありませんが」と留保付きで相手方に厳しい内容の案を提示し、相手方が先に提示した場合は、相手方と歩幅を合わせた提案をするようにしている。

Act Ⅵ　和解の場面にて

Scene Ⅴ　和解条項を作成する

　3期日かけて和解協議を続け、やっと和解内容の大枠について、当事者双方の意見がまとまった。裁判所から、「どちらか和解条項案を作ってもらえませんか」と言われた。
　Q弁護士は、「私の方で作成して提出します」と言うべきか、迷ってしまった。

現場力

1. 和解条項を作成すべし

　和解内容の大枠が決まったら、和解条項案は、できるだけ自ら作成すべきでしょう。相手方が作成すると、ニュアンスや細かい内容がこちら側の思惑と異なることもあり得ます。あまりにもシンプルかつ当たり前の内容であれば別ですが、原則としては先に和解条項を作成して、既定路線としたいところです。

2. 和解条項モデルを必ず確認する

　和解の内容が具体的な給付義務を定めたものであれば、その部分は債務名義となり、執行力を有することになりますから、和解の不履行があれば、債権者は和解調書に執行文の付与を受けて（民事執行法26条）、これに基づき強制執行することができます（同25条）。
　ところが、弁護士の中には、強制執行のことを全く意識しない和解条項を送ってくるケースがあります。たとえば、金銭支払請求の訴訟において、

「金銭の支払義務を確認する」「金〇〇円を支払うものとする」といった内容の和解条項を提出してくる弁護士がいますが、これでは強制執行はできません。定型的事案で和解にかなり慣れている場合はともかく、初めての事案、複雑な事案、慣れていない事案については、とにかく和解条項モデルが記載された書籍等をよく参照して、過誤のないようにしなければなりません。「裁判所が強制執行できるように適宜チェックしてくれる」というのは間違いです。あまりにもお粗末なミスあるいはケアレスミスであれば、和解成立までに指摘をしてくれますが、専門的な内容、複雑な内容の和解条項については、裁判官も弁護士がそういっているからよいのだろうと考えてしまい、そのまま和解調書が作成されてしまうケースも多くあります。

3. 専門家に確認する

登記事件については、訴訟提起前と和解成立前の段階において、法務局や司法書士に相談するなどして、強制執行が可能な文言にしておかなければなりません。登記は、専門的な決まり事がたくさんあるため特に誤りが起きやすく、再度訴訟提起せざるを得なかった事例もありますので、気を付けてください。司法書士に知り合いを作っておくことをお勧めします。

4. 支払先の情報を持参する

事前提出した和解条項案に支払先の記載がない場合は、和解期日当日に、支払先（たとえば、弁護士の預かり金口銀行口座）の情報を記載したメモを持参すると、裁判所書記官から喜ばれます。逆に、事前の記載がないときにメモも持参しないと、事務所に戻ってすぐに裁判所に振込先を電話したりFAXしたりしなければならないことになります。

Act Ⅵ 和解の場面にて

現場力のEssence

■ 和解条項案はこちらで作成する

■ 自分を過信せず和解条項モデルを確認する

■ 条項を誤ると、再提訴することになりかねない

■ さっと振込先銀行口座のメモを渡せる弁護士はスマートである

Scene vi 和解をどう成立させるか

Prologue

　Q弁護士は、被告代理人のP弁護士が毎回遠方から裁判所に出頭していることから、すでに内容もほぼ決まっている和解成立のためにわざわざ出頭してもらうのは申し訳ないと感じている。P弁護士は、当初から穏やかな対応をしており、和解交渉の際にも相当程度自分の依頼者を説得してくれているから、余計にその思いが強い。これまでの和解期日においては、Q弁護士が出頭し、P弁護士は電話会議により出頭することにしていたが、和解成立の段になると、P弁護士が電話会議にも出なくて済む受諾和解という手続があるようだ。

　民事訴訟法を勉強した際にそのことは知っていたが、具体的にどのようにするのかは初めてだ。どうすればいいのだろう。

1. 裁判上の和解はいつ成立するか

　法律論からいえば、訴訟提起後、判決確定前であれば、裁判所に対する申立てによっていつでも和解することができます。

　その和解のうち、裁判上の和解であれば、債務名義となりますが、裁判外の和解を試みる場合もあります。裁判外の和解の例としては、過払金請求において、原告と被告の主張が整理されないうちに裁判外の和解をして次回期日を「追って指定」としてもらい、あるいは和解上の支払期日より先に期日を入れてもらい、被告から原告に対し和解金が支払われたところで訴えを取り下げるというものです。これは、よくあるパターンです。

　裁判上の和解については、当事者双方に告知がなされたところで和解成立となります（民訴法265条3項）。裁判所が和解条項を読み上げ終わっ

たところで、和解成立となると考えるのが一般的です。裁判官から「仮にこうしておきましょう、後で直すこともできますから」と言われて和解条項が読み上げられ、その後に修正を申し出たところ、「すでに和解が成立したから修正できない」と言われてしまった例が過去にあるようです。裁判所が「これにて和解成立」と宣言してくれない場合は、和解が成立したか否かを念のため確認するのもよいかもしれません。

　また、和解条項について裁判所に和解条項に関する書面を提出していなかった場合には、極めて稀ですが、和解調書の金額が誤っていることもあります。更正の申立てをするのは面倒ですし、当方に不利な誤りがあった場合に相手方が更正に同意してくれるとは限りません。この点についても十分注意して確認したいところです。

2.第三者の参加が認められる

　和解についてのみ第三者が参加することが、許されています。特に、第三者と当事者の一方または双方との間に特別の法律関係があり、あるいは法律関係を形成（たとえば、連帯保証）するものとして、当事者間の和解と同時に解決することが和解成立の条件となり、または成立を容易ならしめるような場合には、積極的に許されています。

3.受諾和解を成立させる

　和解の手法として、受諾和解（民訴法264条）という方法もあります。一方が裁判所に出頭しなくても和解を成立させることを可能とする制度の一つです（もう一つは、電話会議による弁論準備手続期日での和解（民訴法170条3項）です）。

　出頭する方の弁護士が、和解条項を添付した受諾和解の上申書を裁判所に提出すると、裁判所からその相手方に対し、送付された和解条項に対する同意の有無の確認があります。同意の確認が終了すれば、一方のみが期日に出席すればよいのです。片方の代理人弁護士にとって裁判所が遠方な場合に、非常に便利な手続といえます。

　受諾和解については、裁判所が相手方の同意を照会する時間が必要であ

るため、指定された和解期日の2、3週間前までに受諾和解の上申書を提出した方がよいでしょう。

4. 裁定和解を成立させる

あまり見受けられるものではありませんが、裁判所が訴訟当事者の共同の申立てがあるときに、事件解決のために適当な和解条項を定めることができる制度があります（民訴法265条）。

これは、訴訟当事者が裁判所が定める和解条項に服する旨を記載した書面で申立てをし、裁判所は口頭弁論期日で和解条項の告知をすると、その告知時に和解が成立したものとみなされます。

現場力のEssence

■ 訴訟外の和解であっても、履行期日より後に裁判期日を入れるなどして、履行を確保する方法があり得る

■ 和解が成立したかを必ず確認する

■ どちらかが遠方の場合は受諾和解がある

Act VI 和解の場面にて

Scene VII 和解調書を受領する

Prologue

　和解期日において和解が成立した後、裁判所書記官から、「和解調書の送達申請は原告の方から口頭で行いますか」と質問されたので、「そのとおりです。よろしくお願いします」と回答すると、「和解調書は裁判所に取りにこられますか？郵送しますか？」と尋ねられた。Q弁護士の事務所は裁判所にそれほど近くないので、郵送にした方が楽でよいのだが、裁判所まで取りに行った方がよい場合とはどんな場合なのだろう。

現場力

1. 和解調書を受け取りに行くか

　和解調書を裁判所に受け取りに行くか、郵送してもらうかについては、どちらがよいというのはありません。

　裁判所に受け取りに行くのは、裁判所と事務所の距離が近いことが当然の前提となっていますが、支払期日がすぐにくるような和解をした場合は、早急に内容を確認するために、裁判所に取りに行くのがよいと思います。また、依頼者に対して現物の和解調書を早く見せて安心してもらう必要がある場合も同じでしょう。裁判所に取りに行けば、特別送達の郵券代がかからなくなり、余った予納郵券をその場で返還してもらえるという利点はあります。

　和解調書や判決の原本は弁護士の所有に帰するのか、依頼者の所有に帰するのかはさておいても、私は、依頼された事件の最終結果を表示した和解調書や判決の原本は、当該事件が完全に終結したことを確認した段階で、当該紛争の当事者である依頼者本人に交付しておくのがよいのではないか

と考えています。

2. 和解条項の内容をチェックする

　裁判所で成立した和解だから和解期日で合意したとおりに和解調書も記載されているだろうと即断してはいけません。和解調書を手にしたら、すぐにその内容をチェックすべきです。実際、和解期日において当事者がした合意と金額が違っていたことがありました。和解調書の和解条項に計算違い、誤記その他これらに類する明白な誤りがあるときは、申立てまたは職権によりいつでも更正決定をしてもらうことができます（民訴法257条）。

3. 和解調書を依頼者に送るか

　一般的に、給付義務が記載されている和解調書については、依頼者にコピーを渡し、給付の受領が完了してから依頼者にその原本を渡すということが多いように思います。和解条項のとおりに給付が履行されないと、速やかに和解調書に執行文付与を申し立てて強制執行を検討しなければならないためです。

　依頼者は、事件が解決してしまうと安心してしまい、和解調書を重要書類としてしっかり保管してくれるとは限りません。和解の給付義務が不履行となり、執行文付与の申立てをしようとしたら、依頼者が和解調書の原本を紛失していたという例も聞いています。仮に弁護士が和解調書の原本を預からない場合は、依頼者に重要書類であることを十分説明しておかなければなりません。

　債務名義にならない和解調書については、依頼者に原本を渡してしまってよいでしょう。

4. 依頼者が複数の場合は

　依頼者が複数いる場合で給付義務が記載されていない和解調書の場合は、そのうちの一人に和解調書の原本を送り、残る依頼者にはコピーを送ることになります。そのような際は、後日依頼者の中で和解調書の原本を

Act Ⅵ　和解の場面にて

誰に渡したかでもめることがないように、すべての依頼者に対する書面に誰に原本を渡したかをしっかり記載しておくことが望ましいでしょう。

[西田弥代]

現場力のEssence

■ 和解調書を受領したらすぐに内容を確認する

■ 強制執行があり得る事案でなければ依頼者に和解調書原本を渡してしまってよい

■ 給付義務が記載された和解調書は、まずコピーを依頼者に送り、給付の受領が完了してから原本を渡す

■ 依頼者複数の場合はどの依頼者に原本を送ったか全員に知らせる

Act VII
判決言渡しの場面にて

Act Ⅶ　判決言渡しの場面にて

Monologue

　Q弁護士は、依頼会社X社から、Y社に対する債務不履行に基づく損害賠償請求訴訟を受任し、代理人として訴訟を追行してきた。
　事案の概要は、X社がY社との間でソフトウェア開発業務委託契約を締結し、Y社に対してソフトウェア開発業務の委託をしたところ、Y社が契約内容どおりに動いてくれず、納期になっても成果物の納品が全くなかったので、しびれを切らしたX社は、業務委託契約を解除し、支払済みの業務委託料1000万円相当額と納期遅れによりY社に生じた損害1700万円の合計2700万円を請求したというものである。

Scene i　判決言渡しと判決受け取りに臨む

Prologue

　証人尋問も経て、判決言渡しは3日後の4月28日に迫っている。証人尋問の際の裁判官の補充質問の内容によれば、裁判所はX社の主張に沿った心証を持っている気もするが、裁判官からの和解の勧試をY社が断ったため、裁判所の心証も聞けずじまいとなった。
　裁判官は、見たところかなりのポーカーフェイスのようなので、X社勝訴の判決が言い渡されるかどうかの確信が持てない。

 現場力

1. 判決言渡期日に出廷するか

　判決言渡期日において、裁判官が公開の法廷で告げるのは、判決の主文のみというのが通例です。一刻も早く結論だけでも知りたいというのであれば別ですが、そうでなければ、弁護士が判決言渡期日に出廷することは

少ないといえるでしょう。公開法廷における判決の言渡しが終わっていて、それほど複雑な主文の事案でなければ、法廷が終わる時刻を見計らって書記官に電話を掛けて事件番号を言えば、判決主文を教えてもらうことも可能です。

　なお、依頼者の中には、判決言渡しには弁護士が当然出頭するものだと思い込んでいる人がいます。そういう人には「判決は結果も大事ですが、その理由は判決文を見ないとわかりません。判決書は2、3日後に届きますから、届き次第ご連絡します」と説明しておきます。

2. 判決をどのように受領するか

　判決言渡しが終わると、裁判所書記官が判決正本を特別送達便で代理人弁護士に宛てて郵送するのが通例ですが、特別送達便として出す前に書記官に対して「判決正本は受け取りに行きます」と連絡をしておくと、送達報告書に署名することによって、判決を裁判所で受け取ることができます。また、稀ではありますが、判決を取りに来るか郵送を希望するかを尋ねられることもあります。どちらの手続を採るかについては、次の事由を勘案して決めるのがよいでしょう。

ア．一刻も早く判決全文を見たい

　依頼者が訴訟の勝敗を大変に気にしている場合、マスコミの取材が予想されるような社会の注目を集めている事件の場合等には、職印を持参して裁判所に取りに行くことになるでしょう。

イ．（勝訴判決でかつ仮執行宣言がついている場合）一刻も早く強制執行
　　をしたい

　すぐに裁判所に取りに行く方向に働く事情です。

ウ．（一部敗訴または敗訴判決で）早く控訴を提起したり、強制執行停止
　　の申立てをする可能性がある

　敗訴の場合にマスコミ取材があるような事件では、早期に控訴を提起す

る必要がありますし、仮執行宣言によって強制執行がされる公算が高い場合には、早く判決正本を受け取りに行くのが当然のこととなります。しかし、控訴を急がない事情があるとき、たとえば、当事者が遠方に住んでいたり、控訴するかどうかをじっくりと検討する必要がある場合には、裁判所に判決正本を取りに行くことはしないで、郵送されるのを待つことになるでしょう。

[**Prologue**] のケースの場合、判決言渡期日は、ゴールデン・ウィークの直前です。控訴期間は、休日には何ら関係なく進行しますので、前述したような事情がある場合には、書記官に電話連絡を入れて、ゴールデン・ウィーク明け直後に判決を受領しに行くのがよいかもしれません。もちろん、判決を裁判所に受け取りに行く場合、あまりにも受け取り時期が遅いと、裁判所の信頼も失ってしまいますので、注意したいものです。

3. 判決の送達を受ける

郵送による場合でも裁判所に行って受領する場合でも、判決の送達を受けるときに特に気を付けたいのは、弁護士自身が送達を受けたことに気付かないことです。特別送達便で受け取る場合も裁判所に行って書記官から受け取る場合も、受け取りの行為をするのは事務所の事務職員がほとんどだと思いますが、そこに大きな落とし穴があります。すなわち、その事務職員が、弁護士の留守中に判決の送達を受けたことをうっかり弁護士に報告しなかったり、他の郵送物と一緒に机の中などにしまい込んだりして、弁護士が気が付かないうちに控訴期間を徒過してしまうという事案が実際に起こっています。事務職員の教育、指示体制の整備がいかに大切かを物語るものだと思います。

また、両親の葬儀で遠方の実家に帰っていたときに判決が送達されて控訴期間が徒過してしまったという例もあります。長期間事務所を空けるときは、その間に起きるであろうことをチェックし、それに対する適切な対応策を指示しておくことが求められます。私は、たとえ海外旅行に行ったときでも、気を緩めて事務所に対する緊密な連絡を欠かしてはいけないのだと気を付けています。

判決言渡期日に出廷しないからといって、その後の裁判所からの判決送達を待つという姿勢については、ときに判決送達を見落とすことにもつながります。特に訴訟事件を多く処理している弁護士に当てはまります。手帳に記載するなどしてきちんと判決言渡期日を管理し、期日が近くなったら、事前に事務職員に対して、判決が送達された場合における注意点を指示しておくようにしたいものです。

　なお、大学において「『裁判所の休日に関する法律』がどうして1月2日と1月3日、12月29日から12月31日までを休日と規定したかというと、それまで旧民訴法156条2項に規定された「一般の休日」について、最高裁判決が1月2日と1月3日は一般の休日に当たるものの、12月29日から31日は一般の休日に当たらないとしていたため、一般の感覚とのずれがあり、控訴期間等の算定に不都合を来していたためだ」と教わりました。学生のときは「たいしたことではないのに」と思いましたが、弁護士になってからはいつが休日かは本当に大事になりました。

現場力の Essence

■ 判決主文は書記官に電話して聞ける

■ 休日も勘案して判決を受領する

■ 判決受領に関する事務職員の教育を徹底する

■ 送達に気付かず控訴期間を徒過してしまうことがある

■ 判決言渡期日の日程管理はしっかりと行う

■ 「裁判所の休日に関する法律」ができた経緯を知ろう

Act Ⅶ 判決言渡しの場面にて

Scene ii 判決内容を検討する

Prologue

　本件訴訟の判決は全部認容であり、Q弁護士は、ほっと胸をなで下ろした。ただ、本番はこれからである。X社に判決内容を説明した上で、Y社からは支払い済みの1000万円の業務委託料相当額と1700万円の損害賠償金を回収しなければならない。証人尋問前の和解期日では、Y社の社長はあまり資産がないようなことを言っていたから、X社の協力を得ながらY社の資産を探し出して差し押さえるようにしなければ、とうてい回収はおぼつかない。

 現場力

1. 判決内容を説明する

(1) 判決を読み解く

　判決は、初めて読んだ人に聞いてみると、「何がどこに書いてあるかよくわからない」というのが比較的多い感想です。最初に結論の記載はあるものの、裁判所が結論を出す上で採用した考え方は「当裁判所の判断」として一番後ろの方に記載されていますから、裁判に不慣れな依頼者や結論だけでなく判決の理由付けに関心のある依頼者、そして控訴を検討する依頼者については、その求めがあれば、面談して一緒に判決を見ながら、わかりやすく読み解いていくという作業が必要であると思います。

(2) 債務名義になる判決について

　特に判決が債務名義となる場合は、依頼者に民事執行を見据えた話をする必要があります。仮執行宣言付の判決は別として、判決の確定の前に説

明をするか確定後にするかについては、事案によって異なると思います。強制執行までする場合は、依頼者に対する説明不足があると後日依頼者の理解不足が原因となって弁護士との間の信頼関係が損なわれる可能性もありますので（たとえば、強制執行が功を奏しなかった場合など）、注意しながら、余裕をもって説明をするのがよいと思います。

2. 判決正本の原本を依頼者に渡すか

私は、債務名義にならない判決については、弁護士が預かり保管しておくのは煩雑ですので、依頼者に渡してしまうのがよいと考えています。弁護士が原本を保管しなければならない必然性はないと考えるからです。

これに対し、債務名義になる判決で、仮執行宣言に基づいて直ちにまたは確定を待って民事執行の申立てをする可能性がある場合は、執行文の付与を申立てるために弁護士が原本を預かり、事務所の金庫に保管するなどして、判決の写しを依頼者に送るのが一般的だと思います。

それでは、依頼者が複数人いる場合はどうでしょうか。簡便な方法としては、原本を依頼者の一人に送付し、残る依頼者にはコピーを送付し、そのカバーレターに「原本は○○さんに送付しました」と記載すると、後日誰が原本を持っているのかわからなくなって混乱することもないでしょう。

現場力のEssence

■ 依頼者と判決を読み解く

■ 民事執行の説明のタイミングを逃さない

■ 債務名義にならない判決はすぐに依頼者に渡す

■ 依頼者複数の場合、誰に判決原本を送ったか周知させる

⊕ Intermezzo

異論・反論付

判決を依頼者に会って説明するか

白森弁護士

　もちろん、会ってわかりやすく説明したい。勝訴判決の場合は、当該判決の取得までの苦労話をして依頼者にねぎらってもらうのもよいだろうし、判決理由を一緒に読んで満足感に浸りたい。敗訴判決の場合は、判決の理由をじっくりと読み込み整理し、どうして負けたのかについて、裁判所の認定した事実、裁判所の採用した法律理論をわかりやすい言葉で丁寧に説明して、依頼者のがっかりした気持ちを和らげてあげたい。
　ただ、私は、負けた場合であっても、できるだけ裁判所の批判はしないように心がけている。弁護士の中には「あの裁判官は世間知らずだ。このような事実認定は世間を知っていれば、するはずがない」などと批判し、依頼者の批判の矛先が自分に向いてこないようにする人もいるが、どうかと思う。

赤林弁護士

　私の事件への興味は、ベストを尽くした弁論の終結をもって終わってしまう。もちろん上訴をする場合は別であるが、上訴をしない場合は、判決言渡しの前に、それまでの主張と立証を再点検し、勝訴する場合と敗訴する場合の判決予想を行い、それを依頼者に十分説明しているから、依頼者から「先生の言うとおりの理由で敗訴になりましたね」と言われる程度である。勝訴したときも「思いも掛けず勝訴判決となり、びっくりしています」と言われるようなことは滅多にない。したがって、判決取得後はあえて時間をかけて依頼者

に説明せず、依頼者が希望するときのみ依頼者に対する説明の機会を設けるようにしている。

緑木弁護士

　判決正本を受け取ったら直ちにそのコピーを依頼者に送付し、直接会って説明する日時を取り決めるようにしている。勝訴した場合は、そんなに急いで説明する必要はないが、感激が薄れないうちに説明をしておかないと、弁護士報酬の額にも影響してくるし、次の事件依頼につながらなくなる危険性もある。私は、勝訴は依頼者とともに喜ぶことにしている。
　これに対して、敗訴の場合は、自分の努力不足と反省することもあるが、依頼者に対してどう説明しようかと悩むことの方が圧倒的に多い。依頼者は「先生の訴訟の進め方がまずかったから敗訴したのではないか」「どうしてこの点に気が付かなかったのか」「どうしてもっと強力に和解を進めてくれなかったのか」等と言わないだろうかと戦々恐々になることもある。ただ、2週間という短い控訴期間内に依頼者は控訴するかどうかを検討しなければならないから、依頼者との面会は直ちに実現するようにしている。場合によっては、文書でなく、電話やメールによって連絡している。そして、依頼者に会ったときは、裁判官を非難しても何も生まれないから、どうして負けたのかの理由と控訴する場合の攻めどころをわかりやすく説明し、控訴するかどうかを決断してもらうことにしている。

Act Ⅶ　判決言渡しの場面にて

Scene ⅲ 控訴状を提出する

Prologue

　残念ながら、Q弁護士が請求した損害金1700万円については、1000万円のみを認容する一部認容判決であった（仮執行宣言付）。判決の考え方を説明したところ、X社としては、残る700万円の部分は、大部分が納期の遅れにより事業が一部停止した結果X社に生じた損害であるし、Y社に支払った業務委託料を返金させるだけではY社は全く持ち出しがないことになって許せないとのことであった。

　X社は、直ちに控訴すると言っている。しかし、Q弁護士としては、控訴しても一審判決が覆る可能性は極めて低いと考えている。Q弁護士は、控訴しても判決は変わらないかもしれないと遠回しに説明したのであるが、X社にその真意は伝わらなかったようである。依頼者がどうしても控訴すると言っている以上はその意思に従わざるを得ないが、何とも気が重い控訴審になりそうである。

 現場力

1. 控訴期間に控訴状を提出する

　控訴期間は、判決が送達された日の翌日から起算して2週間目の日が終わったときです（民訴法285条）。この期間は、個別事情よって変わることのない不変期間ですから、送達日の調整から控訴提起まで、スケジュールの調整に留意しながら、対応する必要があります。

　ただ、2週間は非常に短いですし、判決を読み込み、今後の主張立証の方針を立てることまでに至らないのが通常ですから、まずは、控訴理由については「追って控訴理由書を提出する」と記載した簡潔な控訴状（民訴法286条2項）を作成して控訴状を提出することになります。控訴状の

提出先は、第一審の裁判所ですから（民訴法286条1項）、注意しましょう。なお、控訴の提起については、一審の訴訟委任状に「控訴提起に関する一切の件」という記載があったとしても、改めて控訴提起用の訴訟委任状を添付することが必要とされています。

2. 控訴理由書を提出する

　控訴状を期間内に提出したからといって、気を緩めてはいけません。期日を経ないで、さらに第一審判決の取消または変更を求める事由の具体的記載のある控訴理由書（表題は準備書面でも可）を提出する必要があります。控訴理由書の提出期間は、控訴の提起後50日以内となっており、控訴裁判所に提出することになります（民訴規則182条）。

　控訴理由書は、判決理由を十分に検討し、事実認定に誤りがあるのか、法律解釈に誤りがあるのか、判決理由に脱漏または齟齬があるのか、訴訟手続に法令違反があるのかについて、一審判決を引きながら記載していくこととなります。一審の最終準備書面のデータをそのまま使ったと思われる控訴理由書を見たことがありますが、自分のこれまでの主張を単に繰り返しただけあって、インパクトがありません。やはり一審判決を十分に検討した跡が見られないと控訴理由書としては足りないと思います。なお、一審判決の考え方を引用して過激な表現で非難する控訴理由書もあるようですが、依頼者が敗訴判決で感情的になっているからといって、それをそのまま文章にしてよいとは思われません。

　控訴理由書は、控訴審の3名の裁判官に「なるほど、このような考え方もできるな」「たしかにこの点の事実認定は少し強引といえるかもしれないな」と思わせることが任務であることを忘れないようにしましょう。

Act Ⅶ　判決言渡しの場面にて

現場力のEssence

■ 判決送達時に、控訴期間をまずチェックする

■ 控訴状は第一審裁判所に提出する

■ 控訴のための訴訟委任状を取得する

■ 控訴理由書は、第一審判決を十分に検討した内容とする

⊕ Intermezzo

異論・反論付

控訴をするか否かの見極め？

白森弁護士

　私が弁護士になったばかりの頃、裁判に負けると、「裁判官が世間知らずの変なやつだったから負けた。控訴すれば高等裁判所には優れた裁判官がいるから、必ず逆転するはずだ」と依頼者に申し向けて控訴に持っていこうとした弁護士がいた。このような弁護士は、職務基本規程29条2項が禁止している有利な結果の請け合いに該当することが明らかであり、今はほとんどいないと思う。しかし、有利な結果の請け合いスレスレの行為は結構あるのではないかと思う。私は、そのようなことは断じてしない。

赤林弁護士

　依頼者が負けても仕方がないと言っている場合は、わざわざ無駄となってしまう控訴費用をかけてまで控訴はしない。
　今の高裁の審理は、裁判長が「控訴人は控訴状と控訴理由書を陳述。被控訴人は答弁書を陳述。原審の口頭弁論の結果を陳述」と淡々と述べ、「ほかに主張立証もないようですから、本件を結審して判決を言い渡します。判決言渡しは、〇月×日午後1時15分に、この法廷で行います」と言って終わるのがほとんどである。1回結審と呼ばれるが、依頼者が法廷に来ていると「これで終わりなのですか」と驚きを込めて言われることがある。そして、控訴審の判決でも敗訴となり、判決理由にも「原審判決のとおり」等と記載されているだけだと本当にがっかりしてしまう。

ただ、以上に述べた控訴審の流れの実際を十分に説明し、また、自分が一審判決に対してどのような考えを持っているかを十二分に説明した後に、依頼者が、どうしても控訴してもう一度裁判官の考えを聞いてみたいといった場合は、依頼者の考えに従って控訴することにしている。その場合には、どこに控訴審で結論が覆る余地があるかを懸命に考え、練りに練った控訴理由書を起案するようにしている。

緑木弁護士

　私はまだ経験が浅いので、控訴をするかしないかで迷ったことはないが、もし迷うような事態が生じた場合は、依頼者の意見をよく聞きながら検討したい。ただ、間違っても有利な結果の請け負いはしないと思う。ゆくゆくは、赤林弁護士のように、積極的に控訴にも取り組めるようになりたいと考えている。

Scene iv 強制執行を準備する

> **Prologue**
>
> X社は、これ以上控訴審で争っても、Y社には1000万円を超える資産はなさそうであるから、無駄な控訴はせず、早期の回収をめざし、Y社の資産を差し押さえてほしいと言っている。

現場力

1. 強制執行をするか

依頼者から、強制執行をするように強く求められることがあります。まずは、下記2記載の資産調査をして、費用対効果が合う可能性があれば、強制執行をする方針となるでしょう。

もっとも、強制執行は、相手方の会社や個人を破産に追い込むかもしれない手続です。依頼者のためとはいえ、その内容や相手方の状況によっては、どこまでするか慎重に検討すべき場面もあるように思います。先輩弁護士の話ですが、仮執行宣言付一審判決に基づいてある会社の唯一ともいうべき資産である売掛金債権を差し押さえたところ、その会社は資金繰りに行き詰まって倒産し、社長は将来を悲観して自殺してしまったという経験をしたそうです。もちろん、その先輩弁護士は倫理上問題のある行為をしたとは思わないのですが、「依頼者の債権回収は成功したけれども、後味が悪かったね」と言っていました。

2. 差押財産を調査する

ここでは、債権回収の場面に絞って、執行を考えていきたいと思います。まず、資産の調査は、保全の検討のため、訴訟提起をするか否かの検討

のため、事案の見極めのため、訴訟提起前に行うことも多いといえますが、たとえば、次のような方法が考えられます。

　会社の場合
・本店所在地の不動産の登記の取得
・会社のホームページの確認（取引先会社や取引先金融機関が記載されている場合があり、債権差押先の候補が見つかる場合があります）
・帝国データバンク等の信用調査会社と信用情報提供等の契約をしている場合は、これら信用調査会社の調査報告書の確認（取引先金融機関や資産情報が記載されている場合があります）
・取引先会社や従業員からの聴取

　個人の場合
・住所地の不動産登記事項証明書の取得
・自宅近くの金融機関の検索
・自宅に駐車されている自動車の所有者確認（弁護士会照会により、陸運局に照会します）
・勤務先の調査（給与債権の差押えのため）

3. 差押えのための資料を準備する

さて、資産が判明したら、差押えの申立ての準備です。

判決や和解調書をもとに強制執行をする場合、執行（債権差押え）に際して必要になるのは、執行文を付与された判決等原本と判決送達証明書です。

(1) 執行文付与の申立て

確定判決の場合、原則として第一審の受訴裁判所に対して行います。上訴審の判決が債務名義となる場合であっても、上訴審が訴訟記録の発送手続を完了するまでの間を除いて（その間は上訴審）、第一審の受訴裁判所に対して行ってください。

一方、仮執行宣言付判決の場合は、訴訟が上訴審に係属中であれば、その上訴審裁判所に申立てをします。もっとも、上訴審に記録が届く前は、記録のある原審の裁判所に申立てをすることになります。
　執行文付与の申立書は、裁判所のホームページに書式が掲載されていますので、参考にしてください。

(2) 送達証明書

　執行文付与の申立てと同時に、裁判所に送達証明申請書を提出し、送達証明をしてもらう必要があります。
　送達証明申請書も、裁判所のホームページに書式が掲載されていますので、参考にしてください。

(3) 資格証明書

　依頼者はもちろん、相手方や第三債務者に法人がいる場合は、法人の資格証明書を取得する必要があります。差押え先が多い場合は、資格証明書の取得に時間がかかることもありますので、前から執行が見込まれている場合は、事前に取得しておくのもよいかもしれません。ただ、差押申立日の3か月以上前のものは利用できませんので気を付けてください。
　また、これまでの履歴が多く、支店も多いような銀行の預金を差し押さえる場合に、その銀行の全部事項証明書を申請すると、とんでもない分量となり、費用も嵩みます。銀行をはじめ一部上場の大企業が相手方や第三債務者となる場合は、役員についての一部事項証明書を取得し、支店の特定は、ホームページの情報を使うと簡便です。

(4) 委任状

　うっかり忘れてしまいがちなのが、執行にかかる依頼者の委任状です。全部資料が揃ったと思ったら、委任状のみ忘れていたということがあります。その場合、時期的に依頼者に頼みづらくなってしまうこともあり得ます。真っ先に取得しておきたいところです。

4. 申立書を起案する

(1) 債権が保全されている場合

　保全申立てにより、債権が保全されている場合、債権差押申立書はどう起案するのか、参考文献には記載されておらず悩ましいところですが、結論としては、通常の差押申立書とほぼ同内容です。すでに仮差押えをしている債権については、差押債権目録の下部に、「本件は○○地方裁判所平成30年（ヨ）第××号債権仮差押命令申立事件からの本執行移行である」と記載するのみで足ります。

(2) 供託がなされている場合

　仮差押えをしたところ、第三債務者が供託をしてしまった場合、本執行における第三債務者は国となります。供託金の引き出しまでの手続もかなり煩雑ですので、供託がなされているからといって楽だと勘違いせず、差押えを受任するときの弁護士費用の算定の際は注意してください。実際、第三債務者が多い差押えの場合は、それぞれの第三債務者から回収をしていくわけですから、何件もの債権回収事案を受けているようなものです。

(3) とにかくまず起案する

　差押えについては、差し押さえる物・債権や、第三債務者の特質等により、申立書の記載方法にはさまざまな実務上の決まりがあります。弁護士は、一般に執行関係は苦手であるといわれ、現実にもそうだと思います。しかし、執行は、時間との闘いになることもままありますから、まずは裁判所のホームページに掲載されているひな形や裁判所の研究会が編著となっている書籍等を参考に、わかる範囲で起案して申立てを行うことが大切であると思います。その後は、書記官による事務連絡を参考に訂正していくことを考えてよいかもしれません。

［西田弥代］

| Scene iv | 強制執行を準備する

現場力のEssence

■ 強制執行のときは、少しだけ相手方を思いやる気持ちの余裕がほしい

■ 資産の調査は徹底的に行う

■ 執行文付与の申立ては、確定判決であれば原則として第一審裁判所、仮執行宣言付判決の場合は上訴審裁判所である

■ 時間がかかる資格証明の取得は早めにとりかかる

■ 依頼者から執行にかかる委任状を取得するのを忘れない

■ 弁護士費用は各第三債務者からの債権回収事案と考えて算定すべし

■ 書籍等を参考にとにかくまず執行申立書を起案する

［執筆者紹介］

髙中　正彦（たかなか・まさひこ）

1974（昭和49）年3月　早稲田大学法学部卒業
1979（昭和54）年4月　弁護士登録（東京弁護士会）
現在：髙中法律事務所

堀川　裕美（ほりかわ・ひろみ）

2002（平成14）年3月　明治大学法学部卒業
2006（平成18）年3月　明治大学法科大学院修了
2007（平成19）年12月　弁護士登録（東京弁護士会）
現在：日比谷見附法律事務所

西田　弥代（にしだ・みよ）

2002（平成14）年3月　慶應義塾大学法学部卒業
2007（平成19）年3月　明治大学法科大学院修了
2008（平成20）年12月　弁護士登録（東京弁護士会）
現在：隼あすか法律事務所

関　理秀（せき・りしう）

2004（平成16）年3月　学習院大学法学部卒業
2007（平成19）年3月　成蹊大学法科大学院修了
2008（平成20）年12月　弁護士登録（東京弁護士会）
現在：TMI総合法律事務所

弁護士の現場力　民事訴訟編
―事件の受任から終了までのスキルと作法―

平成30年12月25日　第1刷発行
令和 2 年 4 月20日　第3刷発行

著 者　髙中正彦・堀川裕美・西田弥代・関 理秀

発 行　株式会社ぎょうせい

〒136-8575　東京都江東区新木場1-18-11
電話　編集　03-6892-6508
　　　営業　03-6892-6666
フリーコール　0120-953-431

URL : https://gyosei.jp

〈検印省略〉

印刷・製本　ぎょうせいデジタル㈱　　　©2018 Printed in Japan
※乱丁本・落丁本はお取り替えいたします。

ISBN978-4-324-10555-9
(5108457-00-000)
〔略号：現場力（民事編）〕

弁護士の座右に備えたい実践書！

弁護士の失敗学
冷や汗が成功への鍵

高中正彦・市川 充・
川畑大輔・岸本史子・的場美友紀・菅沼篤志・奥山隆之【編著】

●A5判・定価（本体3,000円＋税）

冷や汗体験が導く実践の知恵！

■弁護士というシゴトに転ばぬ先の杖を。
■実際にあったヒヤリハット事例、よくある依頼者とのトラブル類型、過去の懲戒事例を分析。失敗の原因と防止策を具体的に説くインシデント集。

弁護士の周辺学
実務のための税務・会計・登記・戸籍の基礎知識

実務に役立つ知識が満載！

高中正彦・市川 充・堀川裕美・西田弥代・関 理秀【編著】

●A5判・定価（本体3,000円＋税）

■六法だけでは実務はできない！誰も教えてくれない弁護士の周辺基礎知識。
■弁護士実務の周辺知識とも呼べる、税務、会計、登記、戸籍などの基礎をやさしくひも解く。

弁護士の経験学
事件処理・事務所運営・人生設計の実践知

高中正彦・山下善久・太田秀哉・
山中尚邦・山田正記・市川 充【編著】

●A5判・定価（本体3,000円＋税）

弁護士のリスクとその回避法をわかりやすく解説！

■誰も教えてくれない、事件処理、事務所運営、人生設計、転落回避の"処生術"を実体験から説く。
■新人・若手から、ベテラン弁護士まで、困難な時代を生き抜くためのヒントが詰まった一冊。

株式会社ぎょうせい

フリーコール
TEL:0120-953-431 [平日9～17時] FAX:0120-953-495

〒136-8575 東京都江東区新木場1-18-11
https://shop.gyosei.jp

ぎょうせいオンライン 検索